生活と家族
家政学からの学び

佐藤真弓

はじめに

　「生活」とは何だろうか。「家族」とは一体何だろうか。
　そんな問いかけは、わたしたちの普段の日常生活においては、何の意味ももたないと思うかもしれない。しかし、このような本質的な問いに対して、深く思考を巡らすことによって、わたしたちは自分自身を見つめ直し、これからの幸せな未来を構想し、困難を乗り越えながら自分らしく生きていく力を養うことができるのではないかと考える。
　高度情報化社会の到来を受けて、わたしたちを取り巻く環境は、刻々と変化している。いつでもどこでも、必要な情報やモノを手に入れることが可能になるなど、最新の科学技術に支えられ、わたしたちの生活は各段に便利になった。インターネットやSNSの急速な普及により、人間同士のつながり方も変化した。スマートフォンさえあれば誰かと常につながっていられるし、遠隔地の人とも簡単に情報のやり取りができるようになった。
　「こんな時代に衣食住など、生活のことを考えるなんて古くさいのでは？」
　「人間関係は希薄化し、家族は崩壊の危機にされされているのでは？」
　「大切なのは個人であって、家族は要らないのでは？」
　そんな議論が、世間を賑わすこともある。
　人類学者の佐倉朔は、人類が他の動物とは異なり、高度な知能をもつに至った要因は「家族」の存在が大きいと考えた。数百万年前の猿人の頃から「家族」が共に生活し、年長者が若い者に話をしたり、生活の知恵や技術を伝えたり、教育をしてきたことが、人類の脳機能の発達につながったのだという。
　このことは、もし人類に「家族」がなかったら、わたしたちは、今ここに存在し得なかったかもしれないということを意味している。つまり「生活や家族は必要か、今後どうあるべきか」などの議論以前に、「生活」や「家族」とは、わたしたちの生きる基盤であり、由来であり、本質的な存在であるということを認識しなければならないのである。

良いか悪いか、必要か不要かではなく、こんな時代だからこそ、「生活」や「家族」の本質的な意味について、冷静に、客観的に、深く思考しようとする態度こそが重要なのであり、その思考のための方法や材料を整理し、提示したい。そのような思いが本書を書くきっかけになった。

　本書第1部では「生活」について考える。そこでは"生活の学である家政学"と、その家政学という学問について論じる「家政学原論」を取り上げる。ここで論じられる家政学の「生活」に対する考え方は、本書全体に通じる論拠となるものである。そして、ここで示した家政学の考え方は、読者の皆様にとって自分自身の将来の「生活」や「家族」の在り方を模索する上でのヒントを与えるものになってくれるはずである。

　第2部では「家族」について考える。「家族」の起源や進化について、人類学などの学問分野における考え方を示しながら考察する。「家族」に関する基本的な考え方、日本の「家族」の歴史的変遷を整理しながら、最終章では「生活」との関係の中で見えてくる「家族」の様態について、家政学の視点を交えながら考察する。

　なお、あまりにも複雑で、幅広い概念を含むのが「生活」であり「家族」であるがゆえに、本書には至らぬ点が多いことを認めなくてはいけない。筆者の力足らずをお詫びするとともに、本書をきっかけにして読者の皆様が、今後も「生活」や「家族」について主体的に学びを続け、皆様自身の、幸せでよりよい未来を構築していただければと切に願う次第である。

　本書は多くの方々のお力添えにより出版できた。学生の頃から現在に至るまで、日々学問の楽しさをご教示くださり、熱心にご指導をいただいているお茶の水女子大学名誉教授・富田守先生、膨大な量の資料をご提供いただいた関根田欣子さん、本書構想の礎となり多くの貴重なご示唆をいただいたお茶の水ヒューマンライフシステム研究会（OHLS研究会）の皆様に厚く感謝の意を表したい。

　終わりに、快く出版をお引き受けいただき、夢の実現へと導いて下さった株式会社一藝社の皆様、菊池公男社長、小野道子常務取締役、情熱をもって編集作業に取り組んで下さった松澤隆氏に心より御礼を申し上げたい。

　　2016年8月

　　　　　　　　　　　　　　　　　　　　　　　　　　　　佐藤真弓

目　次

はじめに　　3

第1部 ● 生活を考える

第1章　生活とは
第1節　「生活」のとらえ方　　10
第2節　人はなぜ着るのか──衣服がもつ意味　　11
第3節　人はなぜ食べるのか──食物がもつ意味　　15
第4節　人はなぜ住むのか──住まいがもつ意味　　19

第2章　生活の学としての家政学
第1節　家政学を知るということ　　28
第2節　家政学＝Home Economics　　29
第3節　「家政学原論」とは何か　　30
第4節　家政学原論の枠組み　　31
第5節　学問とは何か　　32
第6節　科学としての家政学を構成する知識の種類　　33
第7節　科学的知識を生み出す科学的研究　　34
第8節　学問研究とそれを動かす研究者たちの姿勢　　36
第9節　家政学の目的・対象・方法、そして定義　　38
第10節　家政学の領域　　42
第11節　『家政学雑誌』論文分析からみる家政学　　44
第12節　『家政学雑誌』掲載論文の引用分析からみた家政学の特質　　51
第13節　家政学の独自性　　57
第14節　家政学のこれから──よりよい生活追求のために　　59

第3章　さまざまな生活論

第1節	中原賢次の生活論——営み論と生活保衛力	66
第2節	松平友子の生活論——生活時間研究	68
第3節	黒川喜太郎の生活論——位層的発達段階説	69
第4節	今井光映の生活論——根源経営説	70
第5節	青木茂の生活論——調和概念と生活のアート化	71
第6節	田辺義一の生活論——生命維持機構	72
第7節	関口富左の生活論——人間守護	73
第8節	岡村益の生活論——生活構造論	74
第9節	OHLS研究会の生活論——システム論的研究	75

第2部　家族と生活を考える

第4章　家族のとらえ方

第1節	家族とは何か、という問い	84
第2節	さまざまな学問における家族の定義	85
第3節	家政学がみる家族	86
第4節	家族関係学という学問	88

第5章　家族の起源と成立

第1節	化石の証拠からみる家族の起源の推測	92
第2節	19〜20世紀の西欧における家族論	93
第3節	日本における霊長類学的アプローチ	94
第4節	家族が成立する条件	97

第6章　家族の基本的概念
第1節　家族に関連する用語　102
第2節　理念型と現実形態　104
第3節　家族のはたらき　106

第7章　日本社会における家族の変遷
第1節　明治〜戦前の家族　110
第2節　戦後・昭和の家族　111
第3節　平成の家族　115

第8章　さまざまな生活の要素と家族の関わり
第1節　生活の学における家族の追究　118
第2節　時間と家族　120
第3節　空間と家族　122
第4節　人間と家族　123
第5節　衣と家族　130
第6節　食と家族　132
第7節　住と家族　134
第8節　お金と家族　136

著者紹介　142

装丁+図表作成　アトリエ・プラン

第 1 部

生活を考える

第1章

生活とは

第1節 「生活」のとらえ方

　生活[注1]とは何か。生活は英語ではlifeであるが、lifeは生命、命、生きていること、生物、生き物、人生、一生、生涯、寿命、生活、暮らし、生き方、活気、生気、元気、活力源など幾種類もの意味がある。ライフスタイル（生活様式）、ライフワーク（一生の仕事）、ライフデザイン（生活設計）などライフを使った言葉もみられる。

　一般に、生活というと衣食住という言葉で表されることが多い。人間生活における衣食住は、自らの生命を維持するために欠かせない重要かつ基本的なことである。

　ここで家政学における衣食住のとらえ方をみてみよう。今ここに、布、木の実、コンクリート製の大きな器があるとする。わたしたち人間が、その布を「着る」、その木の実を「食べる」、その器に「住む」、という働きかけをすることにより、布、木の実、器はそこにあるただのモノから、衣服、食物、住居と呼ばれるものになる。そしてわたしたちは「おしゃれだな」「おいしいな」「安全だな」などと感じたりする。そこには、わたしたち人間と、布、木の実、器など様々なモノ（環境）との相互作用が生み出され、それこそが「生活」としてとらえられるのである。

　そして、人間の生活を成り立たせている環境との関わり合い方は数えきれないほどあり、生活全般を、「着る」視点からまとめたものを衣生活、「食べる」視点からまとめたものを食生活、「住む」視点からまとめたものを住生活ということができる。あるいはこんなとらえ方もできるだろう。「着る」ことによって人間の外部を直接覆うものが衣、「食べる」ことによって人間の内部に入ってしまうのが食、「住む」ことによって少し離れたところで人間を覆うのが住、と考えると、衣食住は人間からの距離が違うだけの、人間の生を支えてく

れている同じ「生活」であるとも考えられるのである。

わたしたち人間は、自分の生命を維持するために、さまざまな環境と関わり合いながら生きていかざるを得ないのであり、その意味において、生活することは生の宿命であるともいえる。

では、人間と相互作用し、生活を成り立たせている環境についてどのように考えればいいのだろうか。わたしたち人間は、まずは自分の生命を維持するために、自分自身の身体という自然環境をうまく機能させながら生活を営んでいる。そしてその大前提の上で、生活は、暑さ寒さ、空気や水や日光などの自然環境との関わりや、家族や友人、学校や職場などの人的（社会的）関わりの中で成立している。また、信仰や絵画、文学や音楽の世界といった精神と関わりながら生活しているのも事実である。

これらのことより、人間と相互作用し、生活を成り立たせている環境を、自然環境、社会的環境、精神的環境という3つの枠組みとしてとらえてみると、理解しやすいであろう。このような考え方をもとにして、次節より衣食住の意義についてそれぞれ考えてみたい。

第2節　人はなぜ着るのか—衣服がもつ意味

毛や羽という天然の服を常に着ている動物とは違い、人間は自らの意志で、服[注2]を選択し、着ることができる。

そして服は、いつでもどこでも着ている人間の体の一部として人目にさらされ、人間と一体化している存在だといえる。『吾輩は猫である』の主人公の猫が銭湯を覗き、裸体の人間が大勢いるのを見て驚き、憤慨する場面[注3]がある。猫にしてみると、裸の人間は人間らしくなく、まるで化け物のようにみえると、嘆くのである。確かにわたしたちはその人を認識する際には、その人が普段身に着けている服とともに記憶していることが多いし、風呂に入ったり着替えをしたりする時くらいしか裸になることはない。このような人間と服の一体性は衣食住の中でも他の2つ「食」「住」とは異なった特徴をもつといえるだろう。

原始の人類は獣と同じように毛で体を保護していた。森林の樹上生活からサバンナに降り立った初期人類（猿人）は、暑熱環境に適応するために全身で発汗するようになり、その効率を上げるために体毛を減らした［真家和生、2009］。

また、孫文や柳田国男は「服を着ることによって人は体毛を失ってきた」と

いう考えを支持した[佐原真、2005]。これは服を着ることによる摩擦で体毛が段々すり減り抜け落ちていったとする説であるが、毛によって寒さや危険などから身体を保護することができるため、そもそも服を着る必要がなかったのではと考えれば、この説は否定されよう。では、体中が毛という服で覆われていたサルの時代と違い、体毛が無くなり裸になった人類が「服を着る」意味は何なのだろうか。

現代を生きるわたしたちがなぜ服を着るのかについて考える前に、人類はなぜ服を着るようになったのか、という服の起源について考えてみたい。

服の起源

服の起源には諸説あるが、主な議論を紹介する。

まず1つめは、寒さから身を守ったり身体を保護したりするために服を着るようになったとする「身体保護説」である。マリノフスキー[注4]は、南太平洋トロブリアンド島の人々の生活を調査した結果、人間には身体の保全をはかろうとする基本的欲求があり、このことから衣服、火、住居が始まったと解釈した。このような「身体保護説」の主張は多くみられた。しかし、近年、人類学や考古学、民俗学などの進展により様々な民族種族の着衣の状況が明らかになってきた。南極近くの南米南端フェゴ島の人々のように酷寒地でありながらラマ（馬）の毛をマントのように纏う（しかも毛の裏側の冷たい部分を肌にじかにつける）だけのほぼ裸体に近い民族がいることが判明し、その反証とされた[祖父江孝男、2004]。つまり、寒いから着るというよりもむしろ人類は服を用いたために対気候性を退化させていると考えられ、意外にも身体保護説は第一義的な着衣動機ではないとされるようになったのである。

2つめとして、恥ずかしいという感情から、裸体、特に陰部を隠蔽しようとするところから服が始まったとする「羞恥説」が挙げられる。しかし、現代でも南米アマゾン川流域地方では全裸で暮らす種族の例は少なくないし、羞恥感情を持たない種族もいることがわかっている。祖父江孝男[2004]によれば、時代や民族種族の間でも隠したい部位が異なる[注5]という。誰でも赤ん坊の時は裸体を恥ずかしがることがなかったように、衣服によって隠したい、隠さないと恥ずかしいと考えることは本能的ではなく、むしろ服を着るという文化習慣から羞恥心が生まれたと理解したほうがいいだろう。

3つめに、呪術的意味をもつお守りとしての「呪術・護符説」が挙げられる。

護符（お守り）として身につける行為が、人体の装飾へと展開したとする説である。中島義明[1996]によれば、悪魔や疫病、飢餓などの恐怖から身を守るために、身体に彩色や入れ墨、変形（口唇拡大、抜歯、削歯）を施す、あるいはまた、インドの先住民ヴェダ族が結婚しようとする女性の腰に紐を結びつける、といった呪術的行為や、原始古代の日本人にみられる勾玉、南米北岸のある種族が強さを必要とする時に持つ鉄片等が護符として紹介されている。

4つめに、身体を飾ったり、特に性的特徴を強調したり、自己を誇示したりする手段としての「装飾説」が挙げられる。

中島義明[1996]によれば、おしゃれ心は、どんな未開な社会にもみられるもので、自身の身体を傷つけ痛みに耐えて入れ墨をしたり、鮮やかな色彩のボディペインティング、頭部や耳、腕などに鳥の羽や貝殻など種々の装身具を着装し、虚栄心を増長、威信を示し、異性を引き付け、氏族の成員であることを表示し、敵を威嚇したという。

現代でも、アマゾン奥地の完全な裸体生活を送る人々は、男女の舞踊の際にはわざわざ衣服を身につけるというし、文明国では男性はどんなに暑い夏でもネクタイとスーツ、女性は寒い冬でも胸の部分が大きく開き肩を出した生地の薄いドレス（スカート）を身につけ、正装することも多い。

このように、人類にはもともと身体を飾り、仲間に見せたいという装飾衝動があり、悪魔や疫病から身を守る呪術・護符として、体に色を塗ったり入れ墨をしたり、貝殻や葉、動物の骨や毛などを身につけ、それらが服として発展したとする装飾説（護符説を含む）こそが、服の起源として有力であるとされるようになった。

最後5つめに、採集した食糧を紐でくくり、腰に巻きつけることから始まったとする紐衣説[注6]を代表とする「携帯説」が挙げられる。ものを持ち運ぶための洋服のポケットや帽子の中、和服の懐中（ふところ）、たもと、帯などがあるように、大事なものを常に持ち歩けるように身に着けておく意味においての携帯説としては、お守りを身につける護符説と結びついて有力な服の起源として考えることが可能かもしれない。

衣生活の機能的役割

では、現代の衣生活の機能的役割は何であろうか。

まず、防寒、防暑、防雨などの体温調節や外部からの物理的、化学的危害か

ら身体を護る身体保護の働き、作業やスポーツなど身体の動きに適合させる働き、汗や皮脂を吸収させて清潔に保つ衛生保持の働きなど、生理的機能が挙げられるが、これは自然環境への適応と考えられる。

　また、社会生活の中で人間が服を着る意味として、おしゃれをして美しくなりたい、個性を表現したいなどの「装飾審美的機能」や、制服やユニフォームを着用し所属する集団を区別したり、かつての日本の高度経済成長期のブルーカラー、ホワイトカラーに象徴される社会階層の区別のように所属や職業を示す「社会帰属表装機能」が挙げられる。他にも斉藤秀子・呑山委佐子[2012]の分類のように、冠婚葬祭のフォーマル服のような道徳儀礼上の働き、演劇用衣装のように変装や仮装をするための扮装擬態上の働きも挙げられるだろう。神山進[1996]は、服による「自己の確認・強化・変容」機能、「情報伝達」機能、服によって他者との行為のやりとりを規定（調整）するという「社会的な相互作用の促進・抑制」機能の3つを挙げた。

　また、山口惠子[2009]は、ボディーランゲージ、沈黙の言葉、衣服の言語、などの表現があるように、服の機能を情報伝達手段の1つとしてノンバーバルコミュニケーション（非言語コミュニケーション）という言葉でとらえた。これらの機能の多くは、服の社会的環境への適応を示しているが、この中には自らを美しく飾りたい、気持ちを表現したい、変身したい、といった着る人間の精神的環境への適応も含まれていると考えられる。

服と人間の一体性

　そして、このような服のもつ社会性と精神性の境は曖昧で、区別が難しいことに気づく。例えば、制服を着たら身の引き締まる思いがした、とか、おしゃれのつもりで身に付けた服がその場にそぐわず周囲の目が気になった、などの経験は誰にでもあるだろう。家での普段着は精神的リラックスを与えるが、外出着では社会的な見栄えが優先され、緊張感が増長されるだろう。また、ヒートテック、ゴアテックスなど下着の素材の開発は、保温性、防水性に優れ、通気性がよく蒸れにくいなど生理的機能面に優れるだけでなく、肌触りが良く着心地が良いなど、着る人の精神的満足感を向上させるものである。さらに、下着なのにおしゃれで外に出して着ても何ら問題が無いなど社会的配慮もある。

　このように服の機能は、自然、社会、精神的環境への適応がそれぞれ比重が違うものの混ざり合い、区別できないようになっている。その大きな理由とし

て"服と人間の一体性"があるのではないだろうか。「着る」行為はその人を直接覆うことであるから、その人の身体生理的側面と精神的側面に直接的影響を及ぼすと同時に、その周りの他人（社会）へも間接的に影響を及ぼすと考えられるのである。

　今後、わたしたちの衣生活はどのようにあるべきなのだろうか。現代社会において、流行のものを着用したい、おしゃれをしたい、などと多種多様の服が必要とされ、それに応えるべく次々に新しい色や形、デザインの服が企業により大量に廉価に販売され、それらを購入した私たちの家のクローゼットにはあふれんばかりの服が収まり、死蔵衣料いわゆる"タンスの肥やし"になっている場合も多い。衣生活におけるこのような人間の欲求と行動は、マズローの欲求階層理論に照らし合わせて理解することができる。すなわち、最低次の生理的欲求（例：防寒、防暑、防雨のために着る）から、安全の欲求（例：外的危害から身を護るために着る）、社会帰属と愛の欲求（制服を着る、理解されたい、受け入れられたい、仲間意識を持ちたい）、そして自我の欲求（自分らしい服を着て自己表現をしたい、他人から称賛されたい）へと進むにつれ、人間は多くの服を購入し、着用することになる。

　しかし、最高次の自己実現の欲求とは、資源、環境問題も考え、社会との調和を考えながら主体的な自己表現をしたいと願うこと［近藤恵、2009］である。最高次の自己実現を目指すべく、わたしたちは、地球全体を視野に入れ、資源、環境問題を自らの問題として受け止め、主体性をもった衣生活を送ることが期待される。

第3節　人はなぜ食べるのか──食物がもつ意味

　食は生命（いのち）の源といわれる。「食べる」という欲求は、最も基本的な欲求であり、人間の生を維持するという意味において、食は衣食住の中でも最も重要なものとしてとらえられるだろう。「(衣)食足りて礼節を知る」(英訳：Well fed, well bred)、と言われるが、礼儀や節度をわきまえられるような人間であることもまずは食が足りてこそ、なのである。

食生活の機能的役割

　現代のわたしたちが食べる理由は何なのであろうか。生活における食の意味

について考えてみたい。

　食べる理由の1つめは、お腹(なか)がすくから、のどが渇くから、という本能的生理的欲求を満たす行動であり、すなわち、生きるための食、が考えられる。人間は、食べることによって、栄養成分を身体にとりこみ、消化・吸収・代謝という体内の働きによって成長や活動に必要なエネルギーや成分をつくり出している。食べることで、生命の維持、身体の成長や健康の増進が図られる。厚生労働省による国民健康・栄養調査は毎年実施され、日本人の栄養や食品摂取の状況と健康状態について調査が行われている。食物の欧米化、外食、インスタント、レトルト食品の増加などにより、総エネルギー摂取量に占める脂質エネルギーの比率の増加、食塩摂取量の増加、カルシウム、鉄の不足などが最近の傾向として認められる。そして国により食生活指針や食事バランスガイドが提示され、生活習慣病の予防、健康の増進が図られている。

　2つめは、食べることにより、おいしいと感じたり、精神的満足感を得たりする精神的意義が考えられる。すなわち、楽しみのための食である。人間はおいしい食物、珍しい食物、高価な食物を味わってみたいという欲求をもち、それらを食べることにより、味覚や嗜好(しこう)を満足させ、精神的豊かさを得ている。テレビや雑誌やインターネット上で紹介された大人気の店などに時間やお金をかけてでも行って味わってみたいと思うことがあるだろう。そして、その味に巡り合えた時の喜びは格別なものである。人間はおいしさに快い感覚を求め、そのおいしさとは、味覚（甘味、酸味、塩味、苦味、うま味）や、嗅覚（香り）、触覚（歯ごたえ、口当たり、のどごしなどのテクスチャーや温度）、視覚（色）、聴覚（音）を含めた五感に影響される［杉村留美子、2014］。五感を満足させながら食を楽しんでいるのである。しかし"やけ食い"、"ストレス食い"など、食べることによって不安な心を紛らわし、精神的安定を図ろうとするという現象もある。これらは「負」の精神的意義といえよう。

　3つめは、家族や友人と、あるいは大勢で同じ食卓を囲み、食べることは、楽しみを増し、コミュニケーションを増すという社会的意義が考えられる。家族団欒(だんらん)をはじめ、友人とのパーティや、コンパ、懇親会や忘年会などわたしたちは集い、食事をしながらコミュニケーションを図っている。知らない人と親しくなりたいときには、「一緒にお茶（食事）でもしませんか」と、誘ってみたりする。ここでいうお茶や食事の意味は、その飲食物がおいしそうだから、栄養を補給したいから等という理由とは明らかに異なり、食は単なる手段で、

本来の目的は人間関係を作りたい、ということにある。

　ここで、「お茶を飲む」という行動に注目してみよう。それは、「話をする」「休憩する」「一服する」などの意味と同義に使われることもあり、わたしたちの生活において習慣化された行動であるといえる。人間はいつから、お茶を飲むようになったのだろうか。初期猿人がサバンナという暑熱環境に適応するために、全身発汗機構をつくり出したことは前に述べた。真家和生 [2012] によれば、その発汗能力は極めて高く、文字通り"汗水流して働く"ことによって獲物を得ることができた。しかし、そのために奪われる水分と塩分を絶えず補給しなくてはならなかったため、人類は全動物中で最も水分を必要とする、しょっちゅう水やお茶を飲む動物になったのだという。お茶を飲みながら談笑し、休憩するという行動は、初期猿人の時代から変わらない、わたしたち人間の生活習慣であり、文化なのであろう。

　4つめとして、文化的意義が挙げられる。「文化^{注7}」とは、生活が習慣化あるいは制度化されたもの、すなわち、人間の生活様式である。食に関する文化といえば、日本の和食文化のように大きな概念を考えがちであるが、わたしたちの家庭の中にもそれぞれの家庭の食文化があるといえる。家庭における"おふくろの味"や、地域における伝統食、郷土食が創造され、それが世代から世代へと繰り返し受けつがれていく。その味のおいしさのみならず、おいしく食べるために美しい文様や色彩、形の食器に盛りつけをしたり、室内の装飾をしたりすることなども食を通じた文化である。また、冠婚葬祭における儀礼上の特別食、正月のお節料理や雑煮といった年中行事における行事食なども食文化として継承されていく。

　5つめとして、教育的意義が考えられる。家族の団欒やしつけは家庭教育の場として大きな役割を果たしている。団欒は、子どもの人格形成にとって不可欠な基本的信頼感や家族員としての役割を認識する機会になる。親やきょうだいと一緒に食べる中から、子どもはコミュニケーション方法を会得し、家族の会話から社会のしくみを認識し、社会の中でのルールやマナーを学ぶ。また、学校教育における給食活動なども同様の意味をもつと考えてよいだろう。

食と人間関係

　ここでは、食の社会的意義についてもう少し考えてみよう。食が人間関係をつくる、ということは、共食（一緒に食べる）という行動が人間の社会と家族

の成立に深く関わっている［山極寿一、1994］との説からもわかる。山極寿一によれば、アフリカの類人猿にみられる食物の分配行動（劣位の猿がねだり、優位の猿が与える行動、これによって相互の社会関係の確認・調整が行われる）が親睦を深めるための交渉として発展し、人類の「一緒に食べる食事という社会交渉」を生み出したという。さらにこれが異性間で性的行動を伴うようになり、食と性に関わる文化が生まれ、これが家族を成立させた、としている。

　ここで、共食（一緒に食べる）について、霊長類学者・山本真也のチンパンジーの実験の例をみながら考えてみよう。チンパンジーAは、隣で餌を欲しがっているチンパンジーBにおねだりをされれば自分の餌を分け与える。このときBは、Aにお返しはせずもらった餌を黙々と食べる。Aも見返りなどを期待することはなく、Bからまたおねだりされれば、また同じように餌を分け与える。しかしAは、Bから要求されるまでは、Bがどんなにお腹を空かせているかを知っているとしても、自分から手を差し伸べることはない。チンパンジーは相手の要求に応じて"分け与える"、"助ける"ことはするが、人間のように"分かち合う"、"助け合う"といった行為はしないという。そしてまさに動物にはない人間らしさは、この分かち合い、助け合いの心をもっていることであるという［浅井健博、2012］。

　人間の食の場合はどうだろうか。お腹をすかせている人がいたら食べさせてあげようと手を差し伸べることもあるだろう。誰かに食べ物をもらったら、ありがとうと御礼を言い、半分ずつにしよう、などと提案したりするだろう。そして、「これおいしいね」などと話をしながら食べるだろう。人間の共食は、ただそこに同じ場所にいるだけでは足りず、食べ物や心を分かち合う、目と目を合わせて話をしながら食べる、ということが重要なのである。

　「食卓を囲む」「団欒」という言葉は、コミュニケーションのある食の様子を表しているが、反対に、「孤食」「テレビをつけたままの食事」「ぼっち飯」などは、コミュニケーションのない食の姿を表している言葉といえよう。

食の意義の再考

　これまで食生活の機能的役割について考察してきたが、現代社会のように、いつでもどんな食べ物でも入手可能な、いわゆる飽食の時代と言われるような恵まれた状況においては、生命を維持し、生きるための食、という機能は縮小してきているだろう。逆に、食べるということに関しては自由だが、不安定な

時代に突入したといえる。食べることへのとめどない欲求、あふれる健康情報に振り回され、さまざまな心の不安が偏食、過食、拒食などといった偏った食行動へとつながっている現状にある。

子どもの食生活における問題点として、孤食の増加、朝食の欠食、外食の増加、栄養バランスの偏り、家族団欒の減少、生活習慣病の増加などが指摘される。このような現状を改善すべく、食べる力を養うことを目的として、2004（平成17）年に食育基本法が制定された。

食育は今や子どものための教育のひとつではなく、成人も高齢者も、生涯を通じて取り組むべき課題である。昨今の健康志向を受けて、どのような食品をどのくらいとればいいかなど、健康と食の在り方に関する情報は多いが、食の意義はそのような生理的側面だけではない。食べることのもつ意味をもう一度確認し、例えば、食における愛情表現、盛り付けの美しさなどの審美的満足などの精神的側面、楽しい食、共食・団欒の促進などの社会的側面、儀礼的食事を大切にしていこうとする心を育むなど文化的・教育的側面から多角的に食生活について考えていくことが必要になろう。

第4節　人はなぜ住むのか ── 住まいがもつ意味

人は、いつから住まいをもつようになったのだろうか。

これまで述べてきたように、原始の人類は地球の大きな気候変動により森林の樹上生活からサバンナへの移動を余儀なくされた。食糧もあり雨風も凌げて怖い敵からも身を護ることができる樹上という天然の住まいがあった森林と比べ、身を守るような草木もない過酷な暑熱環境の草原生活に適応するために、人間は洞窟や岩棚に住んだり、火を焚いてその住環境をさらに住みよいように整えたり、石器など道具を発達させて住まいを自らつくるようになったであろうことが想像できる。そこを拠点に食べ物を集めたり、寝たり、休んだりすることを可能にする住まいの存在は、自分や愛する家族の生活を確立させ、地域社会を生み出していく基盤となったことであろう。

"住む"ことは人間の本質

食べること同様に、寝ることは、人間が生きていく上で非常に重要な欠かせない生活行動であり、よりよく眠ることは、そこに安心できる自分の寝る場所、

居場所、住まいがあってこそ成り立つものであるといえる。そして、人類の発展に重要な意味をもつ家族の存在も、そこに共に生活できる場所がなければ成り立たないのである。

住は、衣のように人間の肌に密着し一体化しているわけではなく、食のように人間の体内に摂りこまれて人間に同化してしまうものでもない。ドイツの教育哲学者ボルノーは「人間の本質は"住む"ということである」と言った。人間は、ただそこに"いる"存在なのではなく、"住む"存在なのだと。衣食よりは、人間と少し距離を置いた存在でありながらも、住は人間の根幹の部分を規定するものであるともいえる。

住まいの保護的機能

ではここで、住生活の機能的役割について考えてみよう。

まず、人間の生を守る住まいの保護的機能が挙げられよう。寒さ暑さを防ぎ、雨や風雪、温度、湿度、空気、光、音、においなどの外的な自然環境から身を守る機能、さらに、犯罪、危害、社会的ストレスなど社会的環境から身を守る機能が挙げられる。

これらはいわばシェルターの役割としての住まいの位置づけであり、住まいの保護的機能という最も基本的な役割だといえよう。そこに住む人間の生命の安全と、蓄えられている生活資材や資産の安全の保障と快適な居住環境の確保がなされなくてはならない。

水道、ガス、電気などのライフラインは名前のごとく命をつなぐ綱であり、これらの整備がなければわたしたち人間はもはや普通の日常生活を送ることはできないし、夏の暑さや冬の寒さから身を守ってくれるエアコン、扇風機、ストーブ、床暖房や、食品の鮮度を保つ冷蔵庫などの家電も人間生活を守る住まいの自然環境への適応の例として考えられるであろう。

住まいの精神的機能

次に、住まいの精神的機能が挙げられる。家という強固な壁に守られている、という物理的安心感、そして何よりも家という場にいることがその人の安心を生み出す。「人間は住むことにおいて人間足りうる」とボルノーは言う。仕事や学校などの外部空間とは隔てられ、そこに帰ることができる住まいという内部空間があることで、わたしたちは心の拠りどころを得、自己の存在を確認す

ることができるというのである。その意味においての住まいとは、単に立派な外見の、自然の脅威に耐える構造的堅固さをもつ住居では事足りず、そこに住む人間が安心し、落ちつき、ほっとでき、心身ともに明日を生きるエネルギーを補給できる空間や時間が保障されなくてはならない。

　そして、花や絵画、置物を置いたり、クリスマスの飾りつけをして楽しんだり、庭の草木の手入れや部屋の模様替え、片づけや掃除をして気分転換を図るなどして、住む人間は精神の安定を図り満足感を得ている。また、豪華で芸術性の高い家具や調度品を置いたり、外を歩く人の目を楽しませるように窓辺に花を飾ったりなど、住まいの精神性を重視しようとする西欧の住居と比べて、日本では多少汚くても窮屈でもくつろげる小さな空間が確保できさえすればいい、あるいは逆に綺麗にし過ぎるとかえって落ち着かないなどといったように、住生活に対する欲求度は、衣食と比較してまだ低いように感じられる。しかし、整然か雑然か、美しいかそうでないか、などに関係なく、住まいや住まいの在り方が人間の精神に大きな影響を与えていることは確かであろう。

生活の場としての機能

　次に、住まいはその中で人間の生活が行われる場としての機能が挙げられるであろう。近代建築の巨匠の１人、フランスの建築家ル・コルビュジェは「住まいは生活の容器である」と言った。住まいは、そこに住む人間だけでなく、住む人間の生活を包んでいるのである。

　まず、生活を１日の生活活動でみてみると、家の中では、食べる、眠る、着る、排せつ、休養などの生理的生活活動や、労働や勉強など、社会的な制度に基づいて行われる作業的生活活動、そして、団欒や趣味の活動など、心身のリフレッシュのために欠くことのできない余暇生活活動が行われている。家族とともに過ごす住まいは人間関係を構築し、親から子へと家庭教育が行われる場でもある。年長の世代から若い世代へ生活技術や生活財、精神などの文化の伝承もなされている。このようにさまざまな日々の活動が行われ、その場所を提供しているのが住まいであるといえる。

　そして、住まいは人間が生まれて死ぬまでの一生、人生を過ごす場としての生活を包んでいるといえる。子どもが生まれれば子育てをしたり、年老いた親の世話や介護をしたりする場になるときもある。かつての日本では、出産、結婚式、最期の看取り、葬式等、人生において重要なライフイベントはすべて家

内で行われていた。現在ではそのような場は家の外にあることが多いだろうし、幼稚園、保育所、学校、職場、病院において相当の時間を過ごしていることも事実である。しかし「家に帰って寝る」ことを毎日やっていると考えれば、人生の多くの時間を家で過ごしていることになり、まさに住まいはわたしたちの一生、人生を包む容器なのである。

であるからこそ、自分の家とは単なる建物でなく、そこで暮らしてきた時間や思い出を全て含んだ、自分自身の人生と重なるものなのである。「家の購入は一生もの」といわれるが、それは高価であるために一生に一度しか手に入れられないという意味と同時に、家を選び買うということは、その人がどのような人生、一生を送りたいか、というライフデザインの自己決定に大きく関わっていることを意味しているといえよう。

住まいの社会的機能

次に、住まいの社会的機能が挙げられる。住まいの外へ目を転じれば、家とその家を取り囲んでいる地域社会との関連性がみえてくるが、住まいは地域の人々の交流の場として機能しているといえる。かつての日本では、近隣の人々の目の中で子どもたちは安心して遊ぶことができた。子どもたちがいたずらや危ないことをしていたら、近所のおじさんやおばさんが叱ってくれた。隣人へのお裾分けや調味料の貸し借りなどは、日常的に行われていた。家の鍵をかけずに外出することも可能であったし、自分の家を自由に出入りする隣近所のおじさんがいたり、現在では想像できないような地域の人々の深いつながりがあった。

昨今ではマンションの普及によるためか、隣の家の人の顔も名前も知らないといった状況が多くみられる。自治会は衰退し、かつてみられたような"向こう三軒両隣"のような考え方も薄れ、家の地域交流機能が全くなくなってしまったかのようにもみえる。しかし、現代でも友人や仲間、親族を招いてホームパーティや食事会などを開くことはあるし、大きな意味での地域社会交流として、友人や仲間、親族との交流を生み出す場であることに今も変わりはないであろう。

住まいのもつ社会性のもう1つの側面として、家の集合体がその地域の住環境を構成するという意味から、居住地域の一単位としての住まいの社会的機能も考えられる。例えば、○○横丁、路地裏通り、△△ニュータウンなどが例と

して挙げられる。山の手、下町など住まいの地域性が文化として特徴づけられることもある。ベッドタウン、新興住宅地、郊外の一戸建てなどその住まいの地域性を大都市との関連において表現されることもある。

地域においては、自分の住まいは自分のものでありながら、同時に他人のものでもあるという特異な関係性がある。いったん、火事や建物崩壊やごみ問題などが起きれば、地域を巻き込んだ大騒動になる。日照率、建蔽率(けんぺいりつ)、耐震、防火基準などが定められているのも、周囲に迷惑をかけないようにするためでもあるといえよう。つまり、自分の住まいをよりよくすることは、その地域の環境をよりよくすることにつながるのである。昨今、少子高齢化の影響で都市部では特に空き家問題が浮上し、その対策も急務である。

住まいの役割の変化

このようにさまざまな機能的役割をもつ住生活だが、今日の高齢化、情報化など社会の変化を受けて生活形態や家族機能が変化し、住まいの持つ役割も変化することが予想される。住まいは生活の容器であり、住まいは中身の生活を反映する器であるはずが、生活（中身）の変化に合わせて住まい（器）を変えようとしても、服のように簡単に脱ぎ着し取り換えられるものではない。

日本の住生活において、経済的、時間的そして何より空間的な制限を衣食よりも多く抱えることが、住まいを「ウサギ小屋」だと揶揄されたり、「雨露を凌(しの)ぐに足る」「起きて半畳(はんじょう)、寝て一畳、しょせんこの世の仮住まい」のような言葉に表されるように、住よりもまずは衣食に重きを置く日本人の住居観を生んだ要因でもあろう。

しかし、どんなに国土が狭かろうと、住まいが人間生活にとって重要であることは変わりはないだろうし、住生活も以前と比べて格段に便利になり向上したのも事実である。上下水道の配備、電話や、Wi-Fiなど無線インターネットサービスの普及による情報網の整備がなされ、家電が普及し生活水準は高くなったといえるだろう。耐久性、耐震性、耐水性、防火性に優れた建築材の開発など、建築技術は日々進歩し、機能性に優れた2階建て、3階建て住宅、安全性に優れ、ホテルのような設備を整えたマンションが次々と建設された。

また、街並の景観を重視し緑地など公園を整備し、病院や学校、公共施設を備えた地域の総合開発なども行われている。最近では留守の間に風呂を沸かしたりエアコンを付けたりできるエレクトロニクス・ハウスなど新技術も生み出

されている。さまざまな世代の人々が共同生活を行うコレクティブハウス、高齢者向けに設備を整えたシニアハウス、中古住宅を購入してのリフォームやリノベーション、気の置けない人と共に暮らすシェアハウス、移動でき機動力に優れるトレーラーハウスなどさまざまな住まいの形もでてきている。

このように、どこでどのような家に住むかということについてさまざまな選択肢が与えられるようになってきたといえる。住まいを拠点に自分らしい生活を自らつくり出し、自己実現を図っていけるよう、今一度、住生活の機能的役割について多角的に検討する必要があるだろう。まるで人間が、さまざまな服を着て自己主張するのと同じように、住まいが人間の数だけの多様な主張をする日もそう遠くないかもしれない。

注1）大久保孝治［1994］は「生活」を、食べる、寝る、着る、仕事や勉強をするなど、私たちが一日の中で行っている諸々の活動の全体、すなわち「日々の生活」として、もう一つは、入学、卒業、就職、結婚、子どもの誕生、家族の死など人がその生涯において経験する様々な出来事（ライフイベント）の全体、すなわち「人生、一生」という2側面からとらえることができるとした。前者のとらえ方は例えば生理的時間、労働・作業的時間、余暇的文化的時間といった3群に分けるなどして労働科学や社会学において調査研究されたり、後者のとらえ方は民俗学、文化人類学、社会学等の分野においてよく扱われる。

注2）衣服は「人体の体幹部と下肢、上肢を覆う服」であるのに対し、被服は「人体を覆う目的の着装物の総称」であり、衣服とかぶりものとはきもの、アクセサリーなども含む。本章では両方の意を含む「服」「衣服」とした。

注3）「人間が衣服か、衣服が人間かと云ふ位重要な条件である。人間の歴史は肉の歴史に非ず、骨の歴史に非ず、血の歴史に非ず、単に衣服の歴史であると申したい位だ。だから衣服を着けない人間を見ると人間らしい感じがしない。丸で化物に邂逅した様だ」（『吾輩は猫である』「漱石全集第1巻」岩波書店、1965年）

注4）マリノフスキーは、人間の文化は人間における様々な生理的欲求を満足させる機能をもつものとする"機能主義"を主張した。

注5）古くは日本でも庶民階級のあいだでは女性は胸を隠そうとする意識はあまりなく、人前で母乳を飲ませることも普通であったが、第二次大戦後、西欧文化の流入とともに女性の胸はセックスアピールの対象となったという。隠したいと思う部位は、中国の女性では纏足、スマトラ、セレベスの住民の一部では膝、日本女性の和装ではふくらはぎ、と紹介されている。

注6）山名邦和［1993］は装飾説を疑問視し、紐衣起源説（モノを運搬するときに紐がある方が便利であることから紐を腰に巻きつける。このような日常生活の行動から衣服が生まれたとする説）を主張した。

注7）文化人類学者の川喜田二郎［1964］は文化および文化の進化発展について言及している。川喜田によれば、文化とは人類と他動物を区別する重要な差異であり、政治、経済、教育、宗教などの一切を含むいわば「生活様式」である。文化は様式化し、習慣化（歯磨きなど）、制度化（学校など）する。そして、人類の文化は**図表1-1** のような成長過程を経る。現代は第2文化革命の最後の段階である人間革命の時代に入っている。人間革命で要請されるのは、知的な側面のみならず、むしろ感情の深みと、欲求のうごめきまでを含めた人間の生きる姿勢の変革である。川喜田が指摘するように現代は人間革命の時代にあるとすれば、技術、産業、社会の変革の大きなうねりの中で、外側からのおしつけでなく、人間の内側からの確立、納得のいく、人々との心が通じ合うものでなければばらないであろう。

図表1-1　川喜田二郎「三段階と二革命」

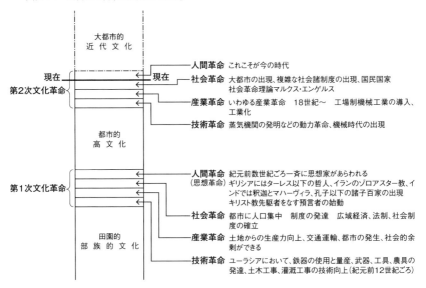

［出典］［川喜田、1964、p60］に基づき作成。

◎参考文献

浅井健博「協力する人・アフリカからの旅立ち―分かち合う心の進化」NHKスペシャル取材班『ヒューマン―なぜヒトは人間になれたのか』角川書店、2012 年
泉靖一編『マリノフスキー／レヴィ＝ストロース』（世界の名著 71）中央公論社、1980 年
印東道子編『人類大移動―アフリカからイースター島へ』朝日新聞出版、2012 年
大久保孝治「生活学とはどういう学問か」大久保孝治『生活学入門』放送大学教育振興会、1994 年
神山進「装う―被服による装飾・整容・変身行動」中島義明・神山進編『まとう―被服行動の心理学』朝倉書店、1996 年
川喜田二郎『パーティ学―人の創造性を開発する法』社会思想社、1964 年
小池三枝「衣服の意味」矢部章彦編著『衣生活概論』放送大学教育振興会、1985 年
近藤恵「装うことの意味」山口惠子・斉藤秀子・呑山委佐子編『衣生活 そのなぜに答える―衣生活 15 のアプローチ』おうふう、2009 年
斉藤秀子・呑山委佐子『衣の昔・衣の暮らし』家政教育社、2012 年
佐藤浩司編『住まいにつどう―シリーズ建築人類学＜世界の住まいを読む＞2』学芸出版社、1999 年
佐藤真弓「衣食住の意義」お茶の水ヒューマンライフシステム研究会編『家族と生活―これからの時代を生きる人へ―』創成社、2013 年
佐原真『衣食住の考古学』岩波書店、2005 年
杉村留美子「おいしさってなに?―調理科学の視点から」荒井三津子編『食学入門―食べるヒト・食べるモノ・食べるコト』光生館、2014 年
関口富左『家政哲学』家政教育社、1977 年
祖父江孝男『文化人類学入門』中公新書、2004 年
中島義明「なぜまとう―人間の着衣動機」中島義明・神山進編『まとう―被服行動の心理学』朝倉書店、1996 年
ジェームス・バーク、ロバート・オーンスタイン著『400 万年人類の旅―石器からインターネットへ』三田出版会、1997 年
真家和生「家族（ヒト科の群れ）の成立機序とその特徴」OHLS 研究会報告 No.2、pp.19-20、2009 年
真家和生「身体的特徴と家族、生活方式の成立機序」富田守・真家和生・針原伸二『学んでみると自然人類学はおもしろい』ベレ出版、2012 年
山極寿一『家族の起源―父性の登場』東京大学出版会、1994 年
山口惠子「現代社会において、人はなぜ服を着る」山口惠子・斉藤秀子・呑山委佐子編『衣生活 そのなぜに答える―衣生活 15 のアプローチ』おうふう、2009 年
山名邦和『衣生活文化』源流社、1993 年
山本理顕『新編　住居論』平凡社、2004 年

生活の学としての家政学

第1節　家政学を知るということ

　皆さんは"家政学"を知っているだろうか。家政学とは何なのか、考えたこともない人がほとんどであろうし、家政系の学部、学科、専攻に属していても、家政や家政学という言葉の意味するものについて無頓着な人は多い。また近年、家政学部を改組し、生活科学部や生活環境学部といった名称に変更していく大学[注1]も多い。

　家政学は、人間生活の向上を目指し、生活について研究する学問である。日本における家政学は明治期の裁縫を中心とした女子教育に端を発したが、アメリカ家政学のホームエコノミクス思想を取り入れ現在の家政学の形になった。一つの学問が社会的に認められるようになるためには、学問的理論面の整備のほかに、学会、論文を掲載する学術雑誌（機関紙、学会誌）、研究者を育てる研究教育機関（具体的には大学、大学院）などの、制度、組織面が整備されていることが重要である［富田守、2001］。

　家政学においては、日本家政学会が昭和24（1949）年に設立し、昭和26年から「家政学雑誌」（現在は「日本家政学会誌」）が発行された。また、日本家政学会は昭和57（1982）年に社団法人となり、昭和60（1985）年には日本学術会議に登録され、現在は「一般社団法人日本家政学会」という学術団体になっている。このように家政学は制度、組織面が整っている立派な学問であるといえる。それなのに世間ではほとんど知られていない。家政学という学問自身が抱える問題もあるだろうが、科学の歴史から見れば家政学は産声を上げたばかりの新しい学問であり、これからの発展を待たなくてはいけない学問なのかもしれない。

　今、この本を手にとっている皆さんの大学・短大での専攻は何だろうか。食物、栄養、被服、住居、子ども、介護、心理、言語、美術、芸術、環境、教育

などさまざまな領域にわたっているであろう。

「自分の専攻は家政学とは関係ないのでは？」と思っている人も、ぜひ共に学んでほしい。どんな学部領域も「生きる人間」なしには存在し得ないのであり、家政学はそうしたわたしたち生きる人間の生活を扱う学問であるから、家政学が必ずや皆さんの学科・専攻に何らかの関わりがあることに気づいてもらえるはずである。

そして、皆さんの通う大学の歴史、例えば大学設立時の経緯やその後の学部学科の変遷を調べてみてほしい。現在の学部、学科、専攻は、家政学の中のある領域から派生し、分化、統合したりしながら今に至っていることがわかるだろう。そして、大学設立当初よりも現在の方がより専門的に細分化された学科編成になっている場合も多いであろう。専門化、細分化はその内部の研究が進歩・発展をしていることを示すものでもあるが、しかし、それは同時に隣の学科、専攻が何をしているかを知らない、研究室同士横のつながりがなくなり、学部全体としてのまとまりが悪くなる危険性を孕んでいる。

このように、あまり知られていない家政学を知るために、そして専門化、細分化が進んでしまった家政学のまとまりの悪さを克服するために、家政学原論という科目があると考えて良いだろう。家政学原論を学ぶということは家政学をまず知るということからはじまる。それも家政学の名称とか成り立ちとか表面的なものを知るにとどまらず、家政学の本質を知るということである。

第2節　家政学＝Home Economics

家政学の英訳はHome Economicsであるが、まず、Economicsという言葉の語源を探ってみよう。経済学を意味するEconomicsは「Economy（経済）」に科学を表す「-ics」をつけたものである。このEconomyの「eco」とはギリシャ語の「oikos」が語源といわれている。「oikos」にはもともとは「生きる、暮らす」という意味から派生し、「家、家庭」という意味がある。「-nomy」の方も同じくギリシャ語の「nomia（管理）」あるいは「nomos（法律、秩序、義務）」からきている。したがって現在のEconomy（経済）の語源は、oikonomia（家政：家を整え管理すること）であり、またoikonomos（家政家：家を治めるもの）である。

アリストテレスの名で伝わるoikonomika（経済学）は、本来の意味は「家

政に関することども」であり、それは広義の「家政」を意味し、可能な限りの自給自足、資源の節約、浪費と無秩序の回避、健全な家政の営みは国家の発展の基本であったと理解される［住田和子、1994］。家政とは、社会の中の最も基盤となる「家」をいかに秩序立て、健全なものにするか、という大きな意味を持つものであったと考えられる。

　さらに、Ecology（エコロジー、生態学）という言葉の語源をみると、Economyと同様、この「eco」も「oikos（家）」を語源としている。「- logy」は「logic（論理学、論理）」であり、ギリシャ語の「logos（言葉、論理、学問）」を語源としている。直訳すると「家の言葉、家の論理、家の営みの学問」となる。

　Ecologyは人間を含めた生物とその環境の相互関係を研究する学問であり、生物（人間）とその環境を全体としてとらえるホリスティック（包括的）な接近法をとる学である［紀嘉子、2001］。Economyの概念が家という枠を超えたように、Ecologyもまた、家の営みの学から自然や人間を含む生物全体の共通の家であるところの地球へと概念を広げていることがわかる。

　わたしたちは日頃環境に配慮した行為をエコロジーの「エコ」ということがあるが、それが元来は「家」という意味であったということを考えると興味深い。エコノミーやエコロジーの基盤にあるのは「家」の概念であり、家政の重要性を今一度確認する必要があろう。

第3節 「家政学原論」とは何か

　「原論」とは辞書によれば「その分野で最も根本的な理論、またそれを論じた著作」（大辞林第三版、2006）とあるが、その学問の成立のための根本原理を探究しようとするものである［松下英夫、1968］。すなわち「家政学原論」とは家政学の成立のための根本原理、家政学の本質を探ろうとする学問領域である。原論とよく似た言葉に概論、総論がある。概論は「全体を通した大体の内容を要約して述べること、また述べたもの」、総論は「全体にわたって展開した論。（各論の反対）」（共に大辞林第三版）であり、それらの意味するものと「原論」は明らかに異なっている。

　原論は、英語ではprinciple、philosophyである。principleは道義、正道、原理、原則、主義、信念、本質、根源などの意味がある。philosophyは、哲学、人生、見方、考え方、方針、信条、思想などの意味があるが、家政学原論においては、

philosophyの方がより適切であるといえるだろう。その根拠として川上雅子［2001］は、家政学原論は家政学の意義や独自性、研究対象とする事柄の真理（例えば家庭とは何か、家政とは何かなど）を絶えず批判的、体系的、全面的、徹底的に追究するものであり、すなわちその追究には人間の価値判断を含む"まなざし"が必要であるからとしている。

　家政学原論は、家政学の本質等を明らかにするとともに、家政学の問題点にも触れ、これから家政学はどうあるべきなのか、問題点をどのように解決すべきなのか、など、家政学が今後発展していくためにわたしたちが取り組むべき課題を明確していくものである。

第4節　家政学原論の枠組み

　1971年の着任以来、お茶の水女子大学家政学部家政学原論研究室において原論研究に取り組んでいた富田守［1984］は、家政学原論の枠組みとしてまず3部門を考えた。それは、家政学という学問そのものを探究する「学問論」、家政学が対象にしている生活の主体であるところの人間そのものを探究する「人間論」、家政学が対象にしている生活そのものを探究する「生活論」の3部門注2である。富田はその3部門の分類は便宜的なものでこれらは重複しあうとし、例えば学問論の中に人間や生活に関することがでてきたり、人間論の中にも学問や生活のことが入り、生活論の中に学問や人間に関することが入ることもある、とした。

　さらに、その3部門を3つの側面より追究できるとした。その3側面とは、①「どうなっているのか、どうあるのか」という物事の根本的な性質や要素であり、本来の姿を探究する「本質論」、②「いつ、どのようにして起こり、どうなってきたのか」という物事の起源や進化、歴史を探究する「由来論」、③「どうなっていくのか」「どう違うのか」という物事間にみられる相違や多様性や未来も含めた変化を探究する「変異論」の3つである。一般的に、物事やあらゆる事象はこの3側面から理解することにより、その成り立ちや根本原理を明らかにすることができると考えたのである。

　この本質・由来・変異の3側面からの理解は、人類学注3や生命科学、遺伝学などによくみられる考え方の枠組みであるが、人類学者であり人間や動物の身体的側面を長年研究してきた富田らしさが現れているといえよう。人体は物

図表 2-1 富田守「家政学原論の枠組みと家政学原論講義内容」

側面 部門	本質論	由来論	変異論
学問論	学問とは何か、科学的研究の方法、科学と技術について、研究者の育成、家政学の知識量と関連領域、家政学の目的・対象・方法、家政学の領域・体系など	科学史、科学史の中の家政学の位置、家政学史	比較学問論、家政学と他学問、比較家政学
人間論	人間の諸特徴点、人体から社会に及ぶレベル構造と創発の存在、物質の流れと型の維持、ホメオスタシス、エイジング等	人類進化、ホミニゼーション、サピエンテーションの諸問題	人種、生態系と人間の適応の問題
生活論	生きるということは何か、環境と人間、家政学の生活観、文化観、生活技術論、家庭と社会、生活時間構造	生活史、技術史	世界の生活、日本人の生活様式等

[出典][富田、1984、pp.7-9]に基づき作成。

質、細胞が組織化されて形づくられるという本質をもち、人類進化の過程において現在のような構造をもつに至り（由来）、さまざまな人種や生態系へと適応していく存在である（変異）という「人間」に対する本質・由来・変異の3側面からのアプローチを「学問」へ、そして「生活」へと適用し論じようとしたのである。

富田は**図表2-1**のように3部門×3側面＝9枠組をもとに家政学原論講義内容を組み立てていった。中でも本質論に特に力を注ぎ研究を行った結果、富田の学問論本質論がいわゆる"お茶大原論"として広く知られることとなった。富田守のお茶大原論は自身の退官の前年にあたる2001年に発表された『家政学原論』（朝倉書店）で集大成を迎えることになるが、その内容は科学性の強い、いわば科学論としての原論であった。

次節より富田守の学問論本質論を詳しくみていきたい。

第5節 学問とは何か

家政学とは、教育学、医学、経済学などと同様に1つの学問の名称である。ここではまず学問とは何かについて考えてみよう。学問とは一団の知識が相互作用を営むものであり、互いに関連づけ組織化された知識の集積統合体である[富田守、2001]。学問における知識はバラバラに存在するだけではだめで、階層的に組織化され整理統合されていなくてはいけない。

では、学問を構成する知識とは何であろうか。知識とは"学問研究を行ってそこから得られた新たな知見、研究成果"と考えればよい。研究を行って得られた知見はそのままではその人しか知り得ないものだが、論文、著書（単行本）、学会発表という形で世の中に発表されて初めて社会から認められるものとなる。そして周囲の評価を受けて業績と呼ばれるものになる。このように新たな知見、研究成果を学問研究における一つ一つの知識と考えることができ、それら知識が集まり知識群を形成、学問を形づくっていくこととなる。

　また、学問はさまざまな大きさの領域が階層構造を成している入れ子構造になっている［富田守、2001］。知識は密接に関連し合い、まとまり、ひとつの専門領域を形成、さらに専門領域がまとまってより大きな領域を形成する。下位の知識ほど数式、法則、原理などによる結合力が強く、上位の知識ほど知識間には単に関係があると考えるだけのつながり方であるため、知識間の結合力が弱いという性質がある。学問のサイズ、入れ子構造におけるレベル、位置関係は違うが、それぞれの領域構造は互いに関連し相互作用をしていることから、システム構造になっているといえる。

第6節　科学としての家政学を構成する知識の種類

　一般に、学問を構成する知識の多くは科学的知識というが、それらは客観性、実証性、再現性、法則性、普遍妥当性といった性質を持つ［富田守、2001］。このような科学的知識によって構成された学問を科学という。哲学や倫理学、文学のように科学的でない知識で多く構成される学問もある。家政学の場合、構成する知識には科学的知識が多いため"家政学は科学である"ということができる。

　学問を構成する知識には基礎的知識と実践的知識の二種類があり、それらの知識で構成された科学をそれぞれ基礎科学、実践科学と呼ぶ。家政学は現実の生活をよりよいものにしようとする実践科学の性格が強い。知識の性質や、それをもとに構成される科学、知識を得る際の認識方法等をまとめたものが**図表2-2**である。

　また、実践科学の場合、構成される知識は実践的知識のみかといえばそうではなく、基礎的知識を含むことが多い。現実の問題を解決するために新しい実践的知識を得たいと思うとき、まずは自ら基礎研究（純粋科学的研究）をし

図表2-2　学問を構成する知識と性質、その知識で構成される科学

	基礎的知識	実践的知識
知識の例	ある繊維と通気性の関係を実験で調べてデータをとる	どの繊維をどれくらい使えば着心地のいい快適な衣服になるか実験を行ったり調査を行ったりする
知識の特徴	ものごとの真理を探ろうとする、そのものの由来や本質などを明らかにしたい、知りたいとする知識	現実の生活に役立たせるためにどう使えばいいか、現実的目的、生活上の問題解決に必要な、行い方についての知識(熟練の技、勘、コツなども科学性はないが、技術知識として含まれる)
知識を得る際の認識	事実(sein)認識　ある・いかにあるか、何か 目的完結的　没価値主義	規範(sollen)認識　なすべきこと、あるべきこと、いかにあるべきか、どうしたらいいか 合目的的　価値判断主義
その知識群で構成される科学	理論科学、基礎科学、純粋科学 例:物理学、化学、繊維学、生物学、天文学など	実践科学、応用科学 例:家政学、工学、医学、応用物理学、応用化学など

[出典][富田守、2001、pp.3-6及び今井光映、1991、p.12]に基づき作成。

なければならなくなることが多くなるためである。すなわち、実践・応用科学では、実践科学的研究だけでなくその基礎になる純粋科学的研究も多く含むことになる［富田守、2001］。

　また、科学は研究対象や研究方法によって分類することもできる。人間の関わる環境には、自然、社会、精神の3つがあり、それぞれの環境と人間とのかかわりに関する科学的な知識の集合体は、それぞれ自然科学、社会科学、人文科学という［富田守、2001］。そして家政学は、自然科学、社会科学、人文科学のすべての性格を併せ持つ総合科学なのである。

第7節　科学的知識を生み出す科学的研究

　学問を形づくる知識はどうやって生み出され、どのように私たちには実際見えているのだろうか。論文を例にとって考えてみよう。
　一般に科学論文は、次のように構成される。
　　①緒言/はじめに/研究の目的（問題提起、仮説、先行研究などを述べる）
　　②研究方法（実験、観測、調査、文献等研究方法や、研究対象などを述べる）
　　③研究結果（研究結果を考察とともに述べる）
　　④結論/要約/まとめ(新たな仮説、研究の限界なども必要に応じて述べる)
　　⑤謝辞
　　⑥引用・参考文献
　このうちの①〜④が論文の本筋に当たる部分であるが、特に最後の「④結

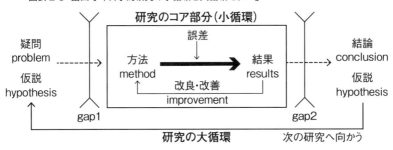

図表2-3 富田守「科学的研究の小循環と大循環モデル」

[出典] [富田、1984、p.8 および 2001、pp.8-10] に基づき作成。

論/要約/まとめの部分」に「何がわかったのか」が明確に書かれているため、その研究によって生み出された新しい知識はこの部分に表れていると考えてよい。

そして、この新しい知識を生み出すためのプロセスであり装置のようなものが科学的研究である。富田守は知識を生み出す科学的研究の過程を、**図表2-3**のように表した。研究活動のコア部分（小循環）とは、方法─結果の部分で「ある研究方法によって結果が得られること」であり、これこそが研究活動の中核部分である。結果が得られる際には誤差が生じるため何度か修正や改良改善を行う。そして、その結果に考察を加えることによって、新たな結論、すなわち新しい知識が生み出される。それによりまた新たな問題、仮説が生まれ、新たな次の研究に進む、それを研究の大循環という。このように小循環（方法─結果）はしっかりと結びついているため強い構造を持っているものの、大循環はギャップ[注4]が2か所存在するため構造的には弱い。

そして、その大循環を繰り返しながら研究が進んでいく様はらせん状を描く **(図表2-4)** と考えられる。すなわち、研究活動は結果や結論に向かって一方向にのみ常に進み、結論が出ればそれで終了するにあらず、結論からフィードバックして、次のよりよい新たな研究をスタートするという循環する過程として考えられるものなのである。これは生物が誕生し、活動し、やがて死を迎え土に還り、水や雨となり、次の生物を生み出すという生物の循環サイクルにたとえたものであろうと考えられる。

また、富田守は**図表2-5**のように学問の知識量と学問領域の幅との関連を説明し、巨大学問ほど妙義山型になるとしている。家政学は人間の生活という幅広いものを対象にしている学問であるので、隣接、関連領域もつながりが深く、知識量が多いとしている。

図表2-4 富田守「研究の進展過程」

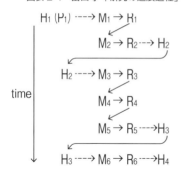

図表2-5 富田守「学問の領域と知識量」

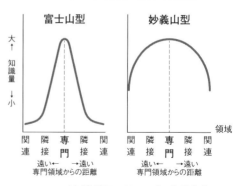

〔出典〕富田、2001、p.11。　　　　　〔出典〕[富田、1984、p.8] に基づき作成。

第8節　学問研究とそれを動かす研究者たちの姿勢

　前節で述べたような過程を経ながら科学的研究はスムーズに展開されていくと思うかもしれないが、現実はそう簡単なものではない。忘れてはならないのはこのプロセスを動かし、研究活動を進めていくのは"研究者という人間"であるということである。研究者が研究を始めよう、進めていこう、やり遂げようとするいわゆる"研究意欲"をもたなければそもそも研究は始まらないし、研究の途中で直面する大きな壁をうまく乗り越えることもできない。このように研究者の研究意欲によって研究過程循環サイクルが稼働し、幾多の困難を乗り越えながら新知識がつくり出されるのである。

　研究が活発な領域では新知識は増大し、学問は急速に量質ともに向上し大きくなる。不活発な領域では新知識が生まれないため、学問の発達の速度は遅くなる。あるいは、衰退し、学問領域自体が無くなることもありうる。さらに、研究が進むことで古くなった知識は捨て去られ、新しい知識への置換（replacement）がなされ、入れ子構造の変化が起きることもある [富田守、2001]。

　このように学問のサイズや中身は研究者の研究活動が活発かどうかによって日々変化をしている動態的なものであるといえる。

　研究活動をする人を研究者と呼ぶ。研究者には大学や企業、研究所などで研究を生業とする人も多いが、そのような人たちを一般に科学者と呼ぶこともある。酒井邦嘉 [2001] は、科学者という仕事を持つ場合に必要な人間的資質[注5] と

して、「鈍」「根」「勘」「運」を挙げた。「天災は忘れたころにやってくる」という言葉を残した物理学者の寺田寅彦[注6]は「科学者はあたまが悪くなくてはいけない」と言っている。テストで高得点がとれるようないわゆる偏差値の高い人よりも、人が振り向きもしないような最初からダメとわかっているようなことでも、そこに何かあるのではないかと思いひたむきにコツコツとやろうとする愚直さ、既成の枠にはまらない突飛さをもっている人のほうがより科学者に向いているという意味だと解釈できる。学問研究とは、好奇心旺盛で粘り強さと謙虚さがある人に向いているといえるだろう。

　研究を行うのは人間であるが、その研究者たちの心理や行動が科学を進歩させる原動力になっている良い例として、「パラダイム」を取り上げてみよう。この「パラダイム（Paradigm）」はトーマス・クーン（Thomas S.Kuhn）が1962（昭和37）年に提唱した概念であるが、その定義は、「一般に認められた科学的業績で一時期の間、専門家に対して問い方や答え方の手本を与えるもの」である。

　ある一時期の研究者集団は、あるパラダイムを共有し、その手本やルールに則って研究を行い（パズル解き活動）、知識を累積的に増加させている。それはありきたりな科学研究のイメージであり、その状況を「通常科学（normal science）」という。さらにその通常科学が進めば進むほど専門化が進み、そのパラダイムはより強固になり、研究者の視野を狭くし、科学は動脈硬化を起こす。しかし、そのうちにそのパラダイムでは説明できない変則性（通常科学では解決できない変則事例、解けないパズル）がでてくることがある。はじめは変則性を無視したり、つじつま合わせをしたり、理論を修正して乗り切ろうとするが、変則性や反証例（理論に合わないこと）がたびたび起きるようになると、科学は危機状況に陥り「異常科学」へと移行する。その状態を「本質的緊張」といい、その中でも研究者集団は研究を続け（あるいは耐えられず研究から離れる者もいる）、そのうちに、それまであったパラダイムが捨てられ、新しいパラダイムへと置き換えられる。このパラダイム変革を「科学革命（Scientific Revolution）」という。

　そしてまた、新しい「パラダイム」のもとに、再び「通常科学」が進んでいくことになる。科学は直線的、累積的に発展するものではなく、科学者集団という人間の不安や緊張等、うごめく心理や行動により捨てられたり、確立されたり、革命的に発展していくものであるということがこれらからわかる。パラダイム転

換の例として、コペルニクスの地動説やダーウィンの進化論などが挙げられるが、さて、家政学にはパラダイムと呼べるものがあるだろうか。

最後に、学問研究において知識を追究する方向には、分析（split）総合（lump）の２つ[注7]があることを指摘しておきたい。このような方向性をもつ研究姿勢をそれぞれ、自然の真理を知るべく「分析（一つ一つの要素に分けて解明）を行う」研究姿勢であるスプリッターと、分析によって得られた知識群を「統合・総合させようとする」研究姿勢であるランパーと考えることができる。

家政学の場合では、諸所の専門領域における独自の研究は、スプリッターであり、今まさにわたしたちが学んでいる家政学原論は、ランパーであるといえよう。家政学原論は幅広い専門領域を家政学という１つの大きな学問としてまとめてあげようとしている方向性をもつからである。

第9節　家政学の目的・対象・方法、そして定義

1．家政学の目的

家政学の目的は多段階構造になっている［富田守、2001］。

家政学の最上段の目的（大目的・最上位の目的）は、「人類の福祉に貢献すること」である。「福祉」とは英語で「welfare／well-being」にあたるが、welfareは「幸福、繁栄、福利」という訳で、とくに「健康・快適な生活などを含めた意味での幸福」という意味がある。一方、well-beingは「幸福、福利、健康」という意味がある。よって家政学は人類が幸福に生きるためという実践的目的をもつ学問であることがわかる。実践科学、応用科学の多くはこの「人類のために」という大目的を共通にもっているといえる。

中間目的は、家庭生活（人間生活）の向上・改善を図ること、人間を守護すること、個々の人間の欲求充足や自己実現を図ることなどであり、これらも実践的目的である。一般に、この中間目的にその学問独自の目的が表れると考えられるが、家政学では、家庭生活（人間生活）の向上など家庭や家族に関係した諸目的が中間部に位置しており、他学問とは異なる"家政学らしさ"がここによく表れているといえよう。

下位目的は、そもそも家庭生活とは、人間の日常生活とは、人間の本質とは何かを解明したい、とか、生活に必要な物資（モノ）、例えば食品、栄養、衣類、

繊維、椅子、机、台所の基本的構造や機能はどんなものかを解明したい等の基礎的目的から構成される。

　これらの多段階の目的と知識を生み出す研究活動を合わせて考えてみると次のようなことがいえる。上位目的ほど、実際の研究活動とは離れ実感が乏しく目的意識も薄れがちであり、抽象的、間接的、普遍的で応用・実践的な大きい目的であり、数としては少なくなる。他の学問、科学も究極的には同じ目的を持つと考えられる。また、下位目的ほど研究活動と密着、研究者の目的意識も強くなる傾向にある。研究目的が具体的、直接的、個別的、基礎的、小さい目的であるため、研究活動に取り組みやすく、数も多くなっている。

　また、このような基礎的目的を持つ研究は他学問と重なるものも多くなるため、家政学の研究を行っているという自覚と、よりよい人間生活、家庭生活のためという、より上位の目的を頭に入れながらの研究姿勢が必要となる。基礎的な小さな目的にのみ集中没頭すると、いつしか家政学の研究であるという自覚もなくなっていき、その結果家政学としての統一性に欠けてしまう恐れがある。

2. 家政学の対象

　家政学の対象の1つめとして、まず「家庭生活を中心とした人間生活」が挙げられる。家政学は、家庭生活を人間生活の中核をなすものととらえるが、認識の方向としては最初から広い視野で人間生活を全体的に把握し、その後に家庭生活などの要素を分析的にとらえる方がよいだろう**(図表2-6)**。富田守[2001]は新しく家政学を学び、研究を始める若い人たちは、まず人間生活というものを視野に置き、その中に家庭と社会を同時的にみる努力をする方がよい、と指摘する。サイズの小さい「家庭生活」をまずみてから大きな「人間生活」をみるのは、狭めた視野を後で拡げるという困難さを伴うという。

　鳥瞰図で町の様子が一望できるように、物事をまず俯瞰すると、その中のそれぞれの要素の関係性を見出しやすいものである。例えば、試験の問題集に取り組む場合、1ページめから順番通りにやっていくよりも、まずは問題集全体をみてどのページに力をいれてどのページは省略してもよいかなどを見極

図表2-6「家庭生活を中心とした人間生活」の認識

［出典］佐藤

めてから計画的に進めていくほうが効率もよいし理解も進むのではないだろうか。

2つめに、家政学は「人間と環境の相互作用」を研究対象としている（**図表2-7**）。ここには家政学らしさがよく表れている。「おなかがすいた」と思い（人間）、「ご飯（環境）」を食べる。ご飯を食べたことで、「おなかがいっぱい、おいしかった」

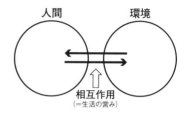

図表2-7 人間と環境の相互作用の様子

［出典］佐藤

と思う（人間）。このように人間は環境と相互に関わり合っている。「環境」というと、水や土、森、など自然環境をイメージする人は多いだろうが、家政学における環境の概念はもっと幅広いものである。

アメリカ家政学の母といわれるエレン・リチャーズによる環境思想を紹介する。リチャーズは、人間は環境から影響を受けるだけでなく、人間は自己実現を図るために望ましい環境を自らつくり出す存在であるという環境醸成の科学を提唱した。リチャーズは、環境を自然環境のみならず、人間社会を含む1つの総体、システムとして環境をとらえた。

まずは環境を大きく、「物的環境」と「社会的（人的）環境」の2つに分類し、それらを以下のように分けた。

《物的環境》　　　　食べるもの、着るもの、住まうもの、これらを調達する
　　　　　　　　　　お金などの近接環境
　　　　　　　　　　空気、水、土壌、音、地球、宇宙などの遠接環境

《社会的(人的)環境》　夫婦、親子、家族、親類、近隣などの近接環境
　　　　　　　　　　組合、企業、学校、社会、国、世界などの遠接環境

このリチャーズの思想は今日の家政学の代表的な環境概念を規定するものとなったが、自然環境のみならず衣食住などの物的環境、さらには「家族」を含む人的環境にも及んだ点に特徴があるといえよう。

富田守［2001］は体内環境と体外環境にまず分け、前者をさらに身体全般の環境と脳活動としての精神環境とに分け、後者を体表面近辺部環境、ホーム環境、地域社会環境、より広い社会、国家、国際環境、大自然環境などに分けた。このように、環境とは人間の外側にあるもののみならず、人間自身の内部、身体環境も含むものとしてとらえられるのである。

家政学の対象の最後3つめとしては、生活の主体である「人間そのもの」、生活に関係した「環境そのもの」である。人間、食品、栄養、布、繊維、洗浄、住宅、家具、家庭用品そのものを対象にした研究などが挙げられる。このように生活に関連したモノや人間を追究する基礎研究も重要であることには間違いないが、人間と環境の相互作用を考えるところに家政学の特色があるので、人間そのものや環境そのものの研究（スプリッター）ばかりを深めてゆくと、他学問と重なり合う部分が多くなり家政学の独自性を見失ってしまう可能性がある。

3. 家政学の方法

　家政学の方法の1つめとして、家政学は人間生活という全体的、総合的な幅広いものを対象としているので、研究にはあらゆる領域の方法、すなわち自然科学・社会科学・人文科学の諸方法、どれを使ってもよいと理解すべきである。
　一般に研究者は、たとえ研究対象は違っても自分と同様な研究方法（質問紙や面接法あるいは実験機材などの知識、データの分析方法、考察の仕方）であるとその研究を理解しやすいし、親近感を覚えるものである。逆に同じものを研究対象としていても、研究方法が違うと理解が難しくなる。現在の家政学のように領域が細分化されていると、自分のテーマの研究だけに没頭し、家政学としての共通目的を見失いがちになる可能性もあるので注意が必要になる。しかしまた家政学は、これは心理学の手法だ、工学の手法だなどというように学問の枠にとらわれることなく、いかなる方法を試み、駆使してもよい、あらゆる可能性を秘めた開かれた学問であるともいえる。
　2つめに、家政学においては全体としてとらえる見方、総合的なとらえ方をすることが重要になる。総合的にとらえることによって、全体と部分の関係性（例えば、生活と人間、生活と環境、人間と生活、の関係など）をみることができ、それは家政学が対象とする「人間と環境の相互作用」、すなわち「生活の営みの様子」をとらえやすくするのである。家政学の場合、人間そのものや環境そのものの基礎的な研究（スプリッター）ももちろん必要であり、人間と環境、双方をよく知ることができれば、その相互関係についても理解が深まり、人間生活の全体をとらえることができる（ランパー）という関係になっている。
　3つめに、家政学において重要な研究態度は実践的態度である。そのことが「わかった」、そのものについて「新しい発見があった」、だけではなく、そ

の研究成果が「現実の人間生活にどのように役立つのか」という方向へ、研究を発展させていこうとする研究者の態度が必要である。他の応用科学も同じであるが、「目の前のこの自分の研究が最終的には人類の幸せな生活のために役立つものなのか」と、自問自答しながら研究に臨む姿勢が求められる。

4. 家政学の定義

家政学には、家政学の目的、対象、方法、そして科学としての家政学の学的性質を読み込んだ次のような定義がある。

> 家政学は、家庭生活を中心とした人間生活における人間と環境の相互作用について、人的・物的両面から、自然・社会・人文の諸科学を基盤として研究し、生活の向上とともに人類の福祉に貢献する実践的総合科学である。
>
> (日本家政学会編『家政学将来構想1984』光生館)

そして、この定義より以前に出された1970年の定義[注8]もある。1970年の定義には、学問対象として家庭生活をまず見て、大きな人間生活へ認識を広げるといった方向性が示されている。家政学は設立当初は「家庭生活」に研究対象を限定していたが、『家政学将来構想1984』以降は研究対象を「人間生活」へと拡げた経緯がある。これはよりよい人生を送るため、よりよい生活を送るための生活の学として、家政学が人間の生活全体を視野に入れた総合科学を志向したためであるが、現在の研究対象認識の視点の方向が1970年の定義とは逆であることに気づく。

現在の定義では、「人間生活」の方に重点が置かれ、より幅広く生活をとらえようとしていることには成功したが、家政学という学問の内容と名称との不一致がますます顕著になってきた。このような状況を打開すべく、新しい定義[注9]づくりなどの計画も進んでいる。

第10節 家政学の領域

家政学の専門領域にはどのようなものがあるのだろうか。現在の家政学会における分類(日本家政学会ホームページ掲載)に従って、家政学の専門領域の知識構造体を図示した **(図表2-8)**。家政学は家政学原論、家庭経営、家族、児童、食物、被服、住居、家政教育という全8領域(その他領域除く)で構成されている。それぞれの専門領域の中に内部領域が数個ずつ存在していることもわかる。

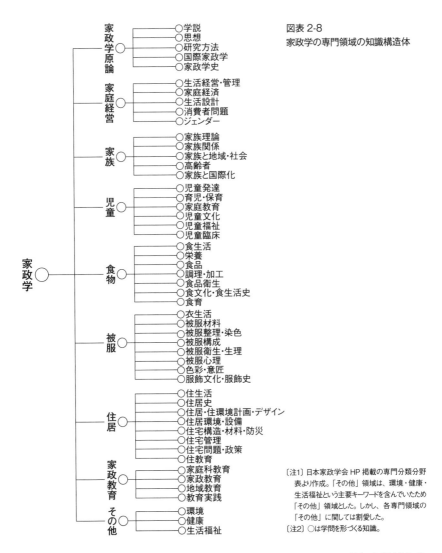

図表 2-8
家政学の専門領域の知識構造体

[注1] 日本家政学会 HP 掲載の専門分類分野表より作成。「その他」領域は、環境・健康・生活福祉という主要キーワードを含んでいたため「その他」領域とした。しかし、各専門領域の「その他」に関しては割愛した。
[注2] ○は学問を形づくる知識。

　従来、家政学の専門領域は7つであった。富田守［2001］や『家政学将来構想1984』によれば、家政学原論（家政学史、比較家政学を含む家政学論、家政論や家庭生活論を含む生活論など）、家庭経営学（家族関係学、家庭管理学、家庭経済学）、児童学（児童心理、児童保健、児童教育、児童福祉、児童文化など）、食物学（栄養学、食品学、調理学、食生活）、被服学（被服材料学、被服整理学・染色、被服構成学、被服衛生学、民族服飾、色彩意匠学）、住居学（生

活空間、住居管理、住宅問題など）、家政教育学（家庭教育、学校教育・家庭科教育、社会教育）という7領域および細部領域であったと考えられる。特に被服学領域においては6分科会（部会）が活発に活動しており、最も細分化が著しい領域であったようだ。

さらに、近年になって、もともと家庭経営学の中に家族関係学、家庭管理学、家庭経済学という3分野があったが、家族領域に関連する知識量が増えたため家族関係学分野を分離独立、家族という大きな専門領域を一つ立ち上げ、現在のような全8領域（その他領域除く）になっている。

図表2-9　家政学の研究領域4つのコア

[出典] 日本家政学会HP

また、日本家政学会は1997年に家政学の研究領域として4つのコア説を打ち出した**（図表2-9）**。家庭・福祉、情報・環境、技術・産業、文化・芸術といった4つのコアを各領域が結び、研究の目的として生活の質の向上を中心にとらえているところに特徴がある。家政学の目的指向性はよく表わされているが、各専門領域の並び方の基準が曖昧で統一性に欠けるように思われる。

第11節　『家政学雑誌』論文分析からみる家政学

前節では、2つの家政学の研究領域構造図を紹介した。ただし、**図表2-8**に示した知識構造体は、家政学の領域分類項目を学問の知識構造図に並列的に当てはめたものであり、**図表2-9**に示した4つのコア説は、4つの研究目的を核としてつながりのありそうな研究領域を羅列したものであって、双方とも家政学の研究領域をあくまで概念的に模式化したものに過ぎない。

現実の家政学の領域構造は、家政学研究者による日々の研究活動によって新しい知識が生み出され、古いものが新しいものに置き換えられ家政学を形づくっていると考えられるため、前節の領域構造図とは異なる様相を示すものと予想される。では、現実に即した家政学の構造を把握するためにはどうすればいいのだろうか。

ここでは、家政学がどのような知識群で構成され、家政学の領域構造がどのようになっているのかを知るため、家政学の知識を家政学における論文に見立て、家政学会誌掲載の論文を調査分析した筆者の1991年の研究［佐藤真弓「『家政学雑誌』における報文数および報文内容分析」日本家政学会誌Vol.42、No.11、pp.937-948、1991］をみてみよう。

家政学は、その研究対象や研究方法の多様さゆえ、内容が広汎にわたり、専門領域における研究が進むほど、それに従って研究が細分化、専門化し、そのまま放置すれば家政学の原点や本質、全体像が不明確になっていくだろう。総合的な見方、学としての共通理解なしに各専門領域が専門化していけば、既成の諸科学のなかに入り込んでしまい、学問としての自律性、独自性を確保できなくなる恐れがある。

科学としての家政学の確固たる地位を築くためにも、家政学における知識を整理し、秩序だて、組織化し、体系化することが必要であろう。家政学の体系化に関しては様々な論者が独自の見解を発表したが、そのほとんどが、思弁的理念的なものであり、一長一短があると言わざるを得ない。

家政学の体系化には、家政学の現状認識が不可欠であるが、その実証性・客観性のある科学的手法により可能となる。体系化の第一歩として科学的手法による家政学の現状把握を試みたのである。

学問は知識の集積統合体であるから、家政学という学問においても家政学の構造を組み立て、形づくっている一つ一つの単位は、家政学で得られた新しい知識である。では、家政学の新しい知識は、どこに表れているのかといえば、家政学に関する論文、著書、学会における研究発表やその他出版物に含まれ、業績となって発表されているものである。家政学の知識を含んでいるものの中で最も代表的な資料としては、日本家政学会の機関誌である『日本家政学会誌（家政学雑誌）』に掲載されている論文を挙げることができる。家政学を形づくっている一つ一つの知識は家政学会誌の論文として表され、その論文を分析することによって、家政学の知識構造をみることができると考えたのである。

当該調査は1990年に行ったものであるが、家政学会誌1951年の第1巻発刊から1989年発行分（当時最新）に至る過去40年間全ての巻を対象に行われた。『家政学雑誌（Journal of Home Economics of Japan）』日本家政学会発行、1951年3月第1巻第1号〜1989年12月第40巻第12号、全296冊とそれらに掲載されている報文[注10]2944篇を対象とした。調査および分析方法としては、対象報文について、専門領域別に、家政学原論、家庭経営学・家庭管理学、家庭経

済学、家族関係学、児童学、食物学、被服学、住居学、家政教育学の9領域[注11]に分類を行った。研究方法別に、主に実験的方法（検査・測定なども含む）によるもの、主に調査的方法（実態調査、意識調査等）によるもの、主に文献的資料によるものの3つに分類した。

また、家政学の新知識は論文に盛り込まれているという前提のもとで考えれば、新知識は、論文のなかでもとくに図や表、研究結果・考察の記述部分、または結論（要約・まとめ）の部分に表れているのではないかと仮定されるため、図表の数、結果・考察行数、要約行数についても全報文について調査した。これらの数値より専門領域の勢力関係モデルの作成を試みた。この結果、次のようなことが明らかになった。

1.専門領域別傾向

全報文を専門領域別に分類したものが**図表2-10**であるが、領域間で報文数に差があることがわかる。全報文2,944篇のうち食物学1186篇（40.3％）、被服学1190篇（40.4％）で両領域で80％を超えた。岡本順子ら[1987]の調査では食物学分野44.2％、被服学27.0％と2領域合わせて71％であったが、それよりも2領域の占める割合はさらに大きくなった。家政学原論、家庭経済学、家族関係学、児童学、家政教育学領域は、非常に割合が小さく、5領域まとめたとしても全体の9％に満たなかった。このことより家政学の知識量は食物学、被服学の2つの領域で家政学全体の知識量の8割を占めるということが明らかになったのである。

専門領域別年平均報文数の経時的変化（**図表2-11**）をみると、全体的傾向としては、やはり食物学、被服学の報文数が他領域と比較して経時的にみても断然多いということが挙げられる。なかでも食物学の報文数の急激な伸びは注目に値する。被服学の報文数はやや減少傾向にあった。食物学、被服学以外の7領

図表2-10 専門領域別報文数と比率 （全報文数2,944に対する割合（％））

| 食 物 学 1186 40.3% | 被 服 学 1190 40.4% | 家政管理学 171 5.8% | 家庭経営学 | 住居学 135 4.6% | 児童学 76 2.6% | 家庭経済学 66 2.2% | 家庭関係学 73 2.5% |

家政教育学 40　1.4%
家政学原論 7　0.2%

[出典]佐藤、1991

域はすべてにおいて、報文数がもともと非常に少ない上に増加もしていない。

家政学原論に至っては1960年以降は報文数0である。この原因として、家政学原論の論文は『家政学雑誌』の報文としてではなく、資料、総説という形での掲載の割合が高いこと（報文掲載が7件（18.4％）に対し、資料掲載24件（63.2％）、総説5件（13.2％））が考えられる。これは原論研究者が報文掲載は難しいだろうと考え、はじめから資料扱いで投稿する、といった原論研究者の意識もあっただろう。最も評価の高いものを報文として掲載すると

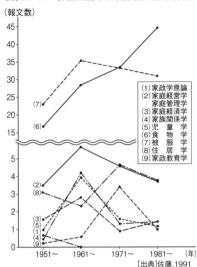

図表2-11 専門領域別年平均報文数の経時的変化

[出典]佐藤、1991

している『家政学雑誌』であるが、これでは若い原論研究者の研究意欲を削ぐ
ことになりかねず、『家政学雑誌』側の再整備が必要だろう。

報文数が減少傾向にある家族関係学など諸領域においても、研究成果の発表の場足りうる『家政学雑誌』となるようにする必要があろう。掲載報文が多くなればそれだけその領域やその学問、すなわち家政学が発展することを意味しているのである。

2．研究方法別傾向

実験的方法、調査的方法、文献的方法をとっている報文をそれぞれ自然科学系、社会科学系、人文科学系としたときに、自然科学系の報文が全体の80％近くを占め、人文科学系の報文が3.6％と最も少なかった。それらの比率の経年変化（**図表2-12**）をみると、自然科学系の報文数とそれ以外の報文数の格差が、近年になるほど大きくなっているのがわかる。

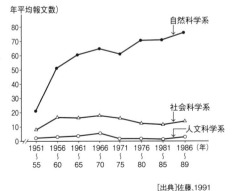

図表2-12 研究方法別年平均報文数の年次的推移

[出典]佐藤、1991

家政学においては実験系の研究が多いという傾向がますます強くなっている。

これを専門領域別にみる**(図表2-13)**と家政学原論はすべて文献資料によるもの、食物学と被服学は90％以上が実験的手法による報文である。その他の領域はおもに調査による報文が多い。

これらのことより、家政学原論は人文科学、食物学と被服学は自然科学、その他の家庭経営学・家庭管理学、家庭経済学、家族関係学、児童学、住居学、家政教育学の諸領域は社会科学の性格が強いことがわかる。家政学全体の自然科学的性格の強さは、食物学と被服学の報文数の絶対的多数が原因していると考えられよう。

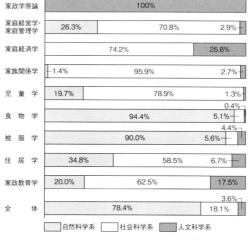

図表2-13　専門領域別研究方法三分類の比率（％）

[出典]佐藤、1991

3. 論文中の知識が最も表れている部分

専門領域別に報文内の結果・考察行数、要約行数、結果・考察部分と要約部分で使われた図と表の数を示したものが、**図表2-14**である。

図表2-14　専門領域別平均行数・図表数の状況

専門領域	項目			
	結果・考察行数	要約行数	図の数	表の数
家政学原論	112.0	47.0	0.4	1.7
家庭経営学・家庭管理学	140.9	24.3	2.7	4.3
家庭経済学	159.3	26.1	3.3	4.8
家族関係学	185.1	33.9	1.5	6.7
児童学	174.1	24.4	1.5	5.1
食物学	119.7	21.2	4.1	3.5
被服学	112.6	23.2	5.0	2.6
住居学	164.2	36.6	5.6	3.6
家政教育学	193.0	34.4	1.6	4.2

[出典]佐藤、1991

これら４項目はすべて、その報文における新しい知見が表れているところと考えられる。結果・考察行数は家政学原論、食物学、被服学以外の領域において多かった。図の数は食物学、被服学、住居学領域において多かったが、食物学と被服学では数値データをグラフ化している例が多く、住居学においては部屋の間取りや住居の外観等を図示していることが多かったためと考えられる。

　食物学、被服学の例にみられるようにグラフなど図を多用すると、文章での説明が簡潔にできるためか、結果・考察行数と要約行数は少なかった。表を多く用いる領域は、家庭経営学・家庭管理学、家庭経済学、家族関係学、児童学、家政教育学であった。**図表2-13**の結果と併せて考えると、実験系の報文は図を、調査系の報文は表をそれぞれ多用し、文献資料による報文は図表を用いることが少ない傾向がみられた。

4. 報文数、論文構成よりみた家政学の知識構造

　ここでは２つの知識構造体を示す。１つめは、専門領域別に知識の保有量を並列的にみた構造体である。『家政学雑誌』10年ごとの年平均報文数の推移をみたものが**図表2-15**である。各領域における知識保有量の年代変化をとらえながら、知識の量的側面から見た領域間の勢力関係を図示した。

図表2-15　報文数からみた知識構造体（報文数／年）

	被服学	食物学	家庭管理学	家庭経営学	住居学	児童学	家族関係学	家庭経済学	家政教育学	家政学原論
1951～1960年	22.7	16.6	3.5	3.1		1.0	0.5	1.6	0.2	0.7
1961～1970年	35.2	28.4	5.7	2.3	3.9	4.2	2.8		0.6	
1971～1980年	33.3	33.5	4.6	4.7	1.6	1.3	0.9	2.3		
1981～1989年	30.9	44.6	3.7	3.8	1.2	1.4	1.4	1		
全体	30.5	30.4	4.4	3.5	2.0	1.9	1.7	1	0.2	

［出典］佐藤、1991

図表 2-16　知識量からみた領域間の勢力関係構造

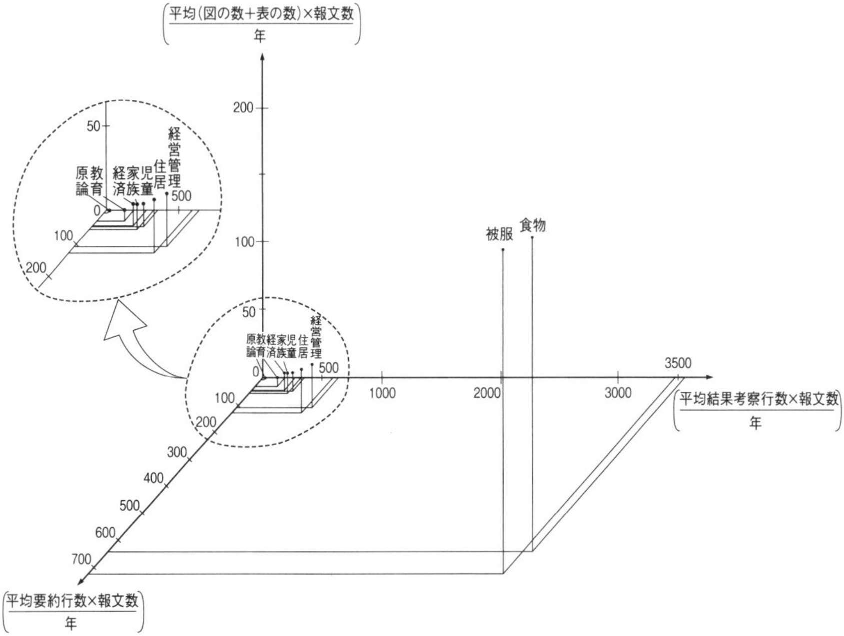

[出典]佐藤、1991

　2つめには、**図表2-14**の結果と報文数のデータを基に、各専門領域別の知識保有量を3軸にとり、立体的に図示した**（図表2-16）**。結果・考察部分に含まれる1年ごとの知識量（平均結果・考察行数と年平均報文数の積）、要約部分に含まれる1年ごとの知識量（平均要約行数と年平均報文数の積）、図表に含まれる1年ごとの知識量（平均図表数と年平均報文数の積）より各領域の位置関係を3次元で表した。

　知識は論文中の特に結果・考察部分、要約部分、図表部分に表れるとの仮定に基づけば、この構造体は知識そのものにより近づいて、領域ごとの知識量をみながら、領域間の勢力関係を表しているといえよう。食物学、被服学領域の知識保有量ととも他領域の知識保有量との格差が、報文数のみから並列的にみたときよりもさらに大きくなっていることがうかがえる。

5.研究成果を発表する場としての『家政学雑誌』の在り方

　これらのことにより、家政学の知識量は食物学と被服学で全体の8割を占

め、量的意味において家政学全体に多大な影響を与えている現状が認められた。家政学という学問の統合性を高めるためにも、この両領域における研究者の家政学原論への関心がますます要請される。また家政学原論研究者も、この家政学の現実を受け止め、家政学におけるさまざまな現実的問題を解決する方向性を探さなくてはならない。『家政学雑誌』は家政学における研究成果を発表する場として今後重要な役割を担うことになるであろうし、逆に『家政学雑誌』の在り方が家政学の発展に大きく影響していくことも予想される。

　本結果を家政学の現状として研究者側と『家政学雑誌』側双方が認識し、家政学の発展のために『家政学雑誌』が研究成果発表の場として有効に機能するようにしていかなくてはいけない。

第12節　『家政学雑誌』掲載論文の引用分析からみた家政学の特質

　一般にある研究を行う（始める）際には、関連する過去の他の研究（先行研究）を参考にしたり、あるいはその過去の研究の足りない点を指摘し、それを上回る知識を得たいといったような目的・問題意識をもって研究に臨むものである。すなわち、それは先行研究の知識をインプットしていることになる。また、自らの研究によって得られた新知識はアウトプットされ、その後の関連する研究に影響を与えていく。このように知識は単独で生み出されることは決してなく、他の知識と関係をもちながら生み出されていくと考えられる（**図表2-17**）。

　学問研究における知識の出入力の様子からその学問の特質を明らかにしようとする試みとして、引用分析という手法がとられることがある。ここでは、家

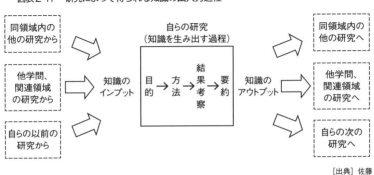

図表2-17　研究によって得られる知識の出入力過程

[出典] 佐藤

政学の知識の出入力過程をとらえることで家政学の特質を明らかにしようとした引用分析研究［佐藤真弓「『家政学雑誌』掲載報文の引用分析よりとらえた家政学の特質」日本家政学会誌Vol.42、No.11、pp.927-936、1991。以下、佐藤、1991b］を取り上げ、家政学の学的性質について考える。

　学問は知識の集積統合体であり、学問を形づくっている一つ一つの単位は研究者の日々の研究活動によって得られた研究成果であるところの知識である。この知識とは、一般には、論文、著書、学会における研究発表やその他出版物という形で発表される。ここで、知識を論文という単位でとらえるとき、学問研究のもつ特性である知識の入出力過程の実際は論文の「引用」をめぐって現れると考えられる。したがって、学問研究の論文の引用文献の分析、すなわち引用分析によってその学術雑誌と引用された学術雑誌間の相互関係や影響関係をとらえることが可能になり、その学問と他分野との関連性やその学問の特性をつかむこともできるのである。

　著者は『家政学雑誌（Journal of Home Economics of Japan）』日本家政学会発行、1951年3月第1巻第1号〜1989年12月第40巻第12号、全296冊に掲載されている報文2944篇を対象として引用分析を行った。調査内容は家政学の専門領域として、家政学原論、家庭経営学・家庭管理学、家庭経済学、家族関係学、児童学、食物学、被服学、住居学、家政教育学に9分類[注11]し、それら掲載報文について、1報文あたりの平均引用文献数、専門領域別引用文献数を調べた。引用文献を洋書もしくは和書、雑誌[注12]もしくは単行本[注13]で分類し、洋書引用率や雑誌引用率を算出し、他分野と比較検討した。また専門領域別に『家政学雑誌』自身の引用率（自誌引用率）も算出した。

図表2-18　1報文あたり引用文献数

	件　　数				
	引用文献数	洋書雑誌	洋書単行本	和書雑誌	和書単行本
1951〜1955	3.6	0.7	0.3	1.2	1.4
1956〜1960	4.6	0.6	0.4	1.9	1.7
1961〜1965	4.9	0.7	0.2	2.7	1.3
1966〜1970	5.4	0.7	0.3	2.7	1.7
1971〜1975	6.5	1.0	0.3	3.6	1.6
1976〜1980	7.3	1.3	0.2	4.3	1.5
1981〜1985	9.9	2.1	0.3	5.4	2.1
1986〜1989	11.4	2.8	0.5	5.9	2.2
全　体	7.0	1.3	0.3	3.7	1.7

［出典］佐藤、1991b

第2章●生活の学としての家政学　53

この引用分析より明らかになったことは次の通りである。

1．増加する知識のインプット

　第1巻より第40巻までの『家政学雑誌』掲載報文の用いられてきた引用文献総数は、20,517件であった。全報文は2,944篇であるから、40年間の1報文あたり平均7.0件となった。1報文当たりの引用文献数の経年変化（**図表2-18**）をみると、全報文の引用文献数は1951 〜 1955年3.6件だったものが、1986 〜 1989年には11.4件まで増えている。和書雑誌引用件数が最も多く、経年的にも順調に件数を伸ばしていることがわかる。洋書雑誌引用件数も和書雑誌ほど多くはないが、経年的に着実に件数を伸ばしていることがわかる。単行本の引用は雑誌と比較しても少ないこともわかった。これらより、経年的には1つの研究にインプットされる先行研究の知識量が増加していることがわかる。

2．国際間の知識の交流を持たない家政学

　専門領域別に引用文献件数を比較すると、**図表2-19**のようになった。1報文当たり引用件数が最も多いのは家政学原論で10.0件あった。食物学9.0件、家族関係学8.4件も多く、反対に最も少ないのが家庭経済学で2.7件であった。食物学領域において、洋書雑誌引用の比率が比較的高く、家族関係学において和書単行本が、家政学の大部分の専門領域において和書雑誌からの引用が多くみられた。

図表2-19　専門領域別引用文献の分類

	洋書		和書		計
	雑誌	単行本	雑誌	単行本	
家政学原論	6 [0.8] (8.6)	25 [3.6] (35.7)	9 [1.3] (12.8)	30 [4.3] (42.9)	70 [10.0] (100.0)
家庭経営学・家庭管理学	26 [0.2] (2.7)	40 [0.2] (5.1)	512 [3.0] (52.8)	391 [2.3] (40.4)	969 [5.7] (100.0)
家庭経済学	4 [0.1] (2.3)	23 [0.3] (13.1)	73 [1.1] (41.5)	76 [1.2] (43.2)	176 [2.7] (100.0)
家族関係学	9 [0.1] (1.5)	28 [0.4] (4.6)	205 [2.8] (33.3)	373 [5.1] (60.7)	615 [8.4] (100.0)
児童学	55 [0.7] (11.0)	44 [0.6] (8.8)	234 [3.1] (46.9)	166 [2.2] (33.3)	499 [6.6] (100.0)
食物学	2,740 [2.3] (25.8)	351 [0.3] (3.3)	5,519 [4.7] (51.9)	2,016 [1.7] (19.0)	10,626 [9.0] (100.0)
被服学	921 [0.8] (13.7)	371 [0.3] (5.5)	3,778 [3.2] (56.1)	1,660 [1.4] (24.7)	6,730 [5.7] (100.0)
住居学	15 [0.1] (2.3)	17 [0.1] (2.6)	352 [2.6] (53.7)	272 [2.0] (41.5)	656 [4.9] (100.0)
家政教育学	1 [0.0] (0.6)	9 [0.2] (5.1)	94 [2.4] (53.4)	72 [1.8] (40.9)	176 [4.4] (100.0)
全体	3,777 [1.3] (18.4)	908 [0.3] (4.4)	10,776 [3.7] (52.5)	5,056 [1.7] (24.6)	20,517 [7.0] (100.0)

単位は件数、（　）：領域内の比率、［　］：1報文あたりの引用件数

[出典]佐藤、1991b

図表2-20　雑誌引用件数のうち洋書雑誌の占める比率の比較

調査雑誌名	家政学雑誌	日本作物学会記事*	日本土壌肥料学雑誌*	日本草地学会誌*	日本植物病理学会誌*	農業気象*	日本水産学会誌**	日本畜産学会報**	日本食品工業学会誌**
比率(%)	26.0	35.8	43.4	51.0	60.9	29.7	70.3	72.5	60.2

データ引用＊：中村千里、北村晴人「農学部門におけるKey Journalsの一調査例」日本農学図書館協議会会報、No.6、p.1、1968年
データ引用＊＊：山口悠一郎、勝田新造、宮　明治、広保ノリ「農学3分野(水産・畜産・食品)におけるKey Journals」日本農学図書館協議会報、No.19、pp.1-9、1972年

[出典][佐藤、1991b]に基づき作成。

　ここで、雑誌引用のうち洋書雑誌が占める割合は『家政学雑誌』全体において26.0％であった。この数値を他分野の学術雑誌における調査結果と比較すると**図表2-20**のようになった。『家政学雑誌』全体の洋書引用比率は他のどの雑誌よりも低い値であることがわかる。

　『家政学雑誌』報文の洋書引用率が少ないことから、家政学は国際的独立度が高く、国際間の知識の交流が少なく、孤立しているともいえよう。特に家庭経営学・家庭管理学、家庭経済学、家族関係学、住居学、家政教育学領域は全て洋書引用率が10％にも満たない。

　これらの領域は、海外の家政学の手法を用いたり、参考にしたりすることがほとんどないということは確かなようである。日本の家政学は実践面を重んじ、理論面にやや欠けるという性質を持つこと、または、日本人の生活を主に扱うという家政学特有の研究対象によるものであろうか。

3．家政学は技術・工学と似た性質をもつ

　全引用文献中における雑誌（洋書および和書）引用の割合について考察してみよう。この雑誌引用率と、その学問の科学的性質がある程度一致するという

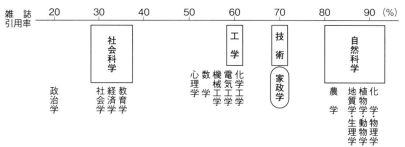

図表2-21　雑誌引用率と諸科学　（図書館・情報学における調査結果より作成）

[出典]佐藤、1991b

ことが図書館・情報学における先行研究によってすでにわかっている。例えば化学、物理学など自然科学は80％台、技術70％、工学、心理学、数学60％、社会学、経済学、教育学など社会科学30％〜40％の値を示すという。そして、今回の『家政学雑誌』の雑誌引用率は70.9％であり、家政学は技術の位置と重なることが明らかになったのである**(図表2-21)**。

この結果は家政学の学的性質を客観的に証明するものであるが、専門領域別にみるとどうであろうか。専門領域別の雑誌引用率は、家政学原論は21.4％で社会科学よりも低い値を示し、政治学と似ていることが分かった。家族関係学は34.8％で社会科学の特性をもつといえる。家庭経済学43.8％、家政教育学は54.9％、家庭経営学・家庭管理学は55.5％、住居学55.9％、児童学57.9％と、これらの領域は自然科学と社会科学の中間に位置しているが、工学に近い値を示すものが多くみられた。食物学は77.7％、被服学は69.8％と、両領域は高い比率であるが、典型的な自然科学の性格を示す程ではなかった。このように、家政学全体（70.9％）と多くの専門領域は技術・工学に近い学問的性格をもっていることがわかった。技術・工学に近い性格とは、やはり、家政学がもともと裁縫、調理といった実際的要求から出発した技術の学であったという歴史的背景を有すること、家政学が純粋科学ではなく、実践応用的な学問であることを示唆するものであろう。

4．家政学の自律性、自己依存性について

引用文献の雑誌名を調査し、自誌引用率（引用文献の雑誌件数のうち、自誌『家政学雑誌』の報文を引用している比率）をみたところ、家政学全体の比率は24.9％であり、他分野の調査結果の数値と比較したところ、大きな特徴はみられなかったが、10誌中上から3番めでやや高いといえる結果であった**(図表2-22)**。

図表2-22　自誌引用率の他分野との比較

調査雑誌名	家政学雑誌	日本水産学会誌※	日本畜産学会報※	日本食品工業学会誌※	日本農芸化学会誌※※	日本作物学会記事※※	日本土壌肥料学雑誌※※※	日本植物病理学会誌※※※	日本草地学会誌※※※	農業気象※※※
比率(%)	24.9	23.5	12.5	14.5	14.8	28.2	32.4	16.4	10.8	21.8

データ引用※：山口悠一郎、勝田新造、宮　明治、広保ノリ「農学3分野（水産・畜産・食品）におけるKey Journals」日本農学図書館協議会報、No.319, pp.1-9, 1972年
データ引用※※：岡本順子ら1987年調査結果より
データ引用※※※：中村千里、北村晴夫「農学部門におけるKey Journalsの一調査例」日本農学図書館協議会会報、No.6, p.1, 1968年

[出典][佐藤、1991b]に基づき作成。

一方、**図表2-23**は専門領域別の傾向をみたものであるが、自誌引用率が最低だったのが児童学で17.0％、次が食物学18.6％、最高が家庭経済学で55.8％、次が家政教育学53.7％と、領域間で差がみられたものの、家政学および専門領域は総じて自誌引用率が高いということが示された。

自誌引用率が高いということは、他学問との交流が少ないが他学問に依存することなく、自律性・独自性を有しているということができる。しかし、自己依存性が強い学問領域であるともいえる。

ここで、雑誌引用率と自誌引用率を用いて、領域間の相互関係を示した（**図表2-24**）。自然科学に近い性格をもつ領域ほど自律性・自己依存性が弱く、社会科学に近い性格をもつ領域ほど自律性・自己依存性が強いという傾向を示すことが明らかになった。

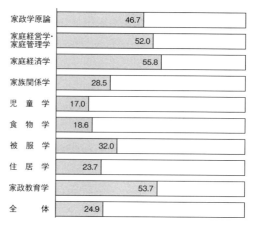

図表2-23　専門領域別自誌引用率

家政学原論	46.7
家庭経営学・家庭管理学	52.0
家庭経済学	55.8
家族関係学	28.5
児童学	17.0
食物学	18.6
被服学	32.0
住居学	23.7
家政教育学	53.7
全体	24.9

［出典］佐藤、1991b

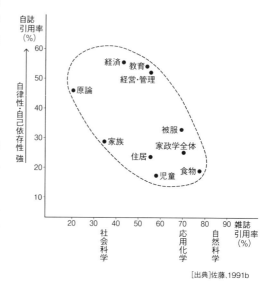

図表2-24　自誌引用率と雑誌引用率からみた領域相互関係

［出典］佐藤、1991b

以上、引用分析を通じて家政学のいくつかの学的性質を明らかにすることができた。家政学の統合発展のためには、家政学の現状を、実証的・客観的手法により把握、分析し、問題解決の糸口を探る姿勢が必要ではないだろうか。

第13節　家政学の独自性

本節ではこれまでの考察をもとに、家政学特有の概念や学的性質を挙げる。

①家政学は、**生活を人間と環境の相互作用する姿としてとらえる**。エレン・リチャーズは、環境を人間社会を含む1つの総体、システムとしてとらえた。住田和子 [2007] によれば、リチャーズは優境学、環境醸成科学の思想をもとに、単なる環境改善教育ではなく、環境調和的存在としての人間の発達を考慮し、生命への尊厳といのちにつながる環境への配慮を意味する環境教育を考えた。エコロジーとは本来、生命集団とその生存環境との多様な相互関係を研究する科学として考えられているが、リチャーズは生活を生きている有機体として、人間と環境が倫理的思考をもちながら、よりよい相互関係を生み出していくことを目的とする人間生態学（Human Ecology）としての家政学を志向した。

②家政学は、**家庭生活の営み、すなわち家政の研究を中心部にもっている**。家政学は人間生活を研究対象としてとらえるが、家庭生活が人間生活の重要な部分として中心部に含まれていることを強く認識している。

③家政学は、**生活を総合的に研究している学問である**。家政学は複雑でたくさんの側面をもつ生活を、全体としてトータルにとらえようとしている。

ここで、家政学の領域体系を表した住田和子 [1988] による「撚糸モデル」を紹介しよう。基礎科学という繊維が集合することにより、食物、被服、住居学など家政学の諸領域科学という単糸を構成し、それらが家政力という諸領域を統合する撚りの力で1本の家政学という撚糸を作り上げている（**図表2-25**）。

この撚糸は、外からみれば当然家政学という1つの統合体であり、たとえどの各領域の視点から切断してみても、横断面は家政学その

図表2-25　住田和子「家政学の撚糸モデル」

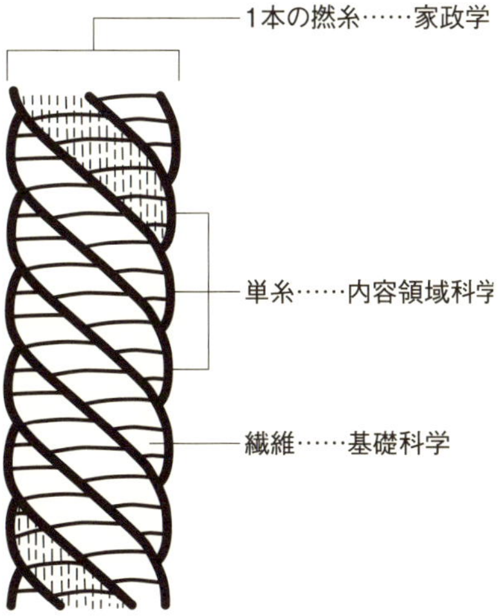

- 1本の撚糸……家政学
- 単糸……内容領域科学
- 繊維……基礎科学

[出典] 住田、1988、p.17

ものであり、基礎科学を含む内部諸領域の関連性を客観的に把握することができる。

さらにこの撚糸モデルは、各単糸が実際の家庭生活における衣生活、食生活、住生活などにも相当し、実践の機能も果たしていることを示すが、相互に関連した知識は全体として活用されるから、部分の総和以上のものが生じてくることを示しているのである。すなわち、家政学における生活研究は衣食住など領域間で分断されず、生活を総合的にとらえている視点をもつことが理解されるのである。

④家政学は、**現実的な問題解決を目指す実践・応用の学問である**。家政学はよりよい生活を目指して、改善を図ろうとする。生活における物財そのものよりもそれをどのように使えばよいか、どう使えばより有用かなどに関心がある。家政学が技術・工学の性格に近い、応用科学的性格をもつ学問であることは『家政学雑誌』掲載報文の引用分析［佐藤真弓、1991］からも証明されている。

⑤家政学が**扱うテーマは、われわれの日常生活の極めて身近なことが多い**。富田守［2001］は、日常生活の身近なことを研究することはバカバカしいことではなくて、毎日繰り返されていることにこそ「生物進化の根源」となるものがあって、家政学的研究はわれわれ人類の未来に関連をもつ重要な研究である、と考えた。

⑥家政学が考える"**よりよい**"生活とは、**快適で、安全で、健康で、調和された生活をイメージ**している。家政学は生活を総合的にとらえようとするが、その場合、一つ一つを細かく分析的にとらえる場合よりも相矛盾するさまざまな要素を考慮しなくてはならず、うまくそれらの調和を図ろうとするところに家政学の独自性があるといえる。よって、生活に対する満足度を示す言葉として、バランスがとれている、落ち着く、馴染む、心地よい、などが家政学らしい言葉として挙げられる。

⑦家政学には、**人間守護の概念がある**。もともと弱い存在である人間を守護するという考え方であるが、家政学は人間生活の中でも特に守護される空間、すなわち「うち」や「家庭」の生活に焦点をあて、それを改善、向上させることが人間の生活を向上させる上で欠かせないと考えている。

⑧家政学では、消費者問題、消費者保護、消費者教育、消費者行動など、**消費者の観点からの研究が多い**。家政学は消費者を全体的存在である人間ととらえている。「消費者」は経済学では「生産者」の対義語として位置づけられるが、

家政学においては「消費者」を個人や家族の生活を時間・空間的な側面で分断せず、また人間は身体的・情緒的存在であること、経済的・物的存在・社会心理的存在であることを分離しないで把握する視点、すなわちホリスティックな視点でとらえている［中森千佳子、2004］。すなわち、「消費者」とは単なる消費する、買う、食べる人ではなく、環境と相互作用するところの人間であり、生活を営む個人であり家族であるとしている。よって消費者問題を解決することは、個人・家族がより良い生活を求め、自己実現を目指して生きようとするために環境を醸成しようとしていることと考える。

第14節　家政学のこれから──よりよい生活追求のために

　家政学は人類の福祉のために貢献する学問たりうるためにも、問題点を解決しながら自己努力を続けていく必要があるだろう。ここでは次の5つの点から家政学の未来を考えてみたい。

1. 富田守お茶大原論から見えてくること

　本章は、富田守家政学原論を基本理論として述べてきたが、ここで総括をしてみよう。
　富田守家政学原論は家政学の学問論本質論をカバーするものであるが、身体の本質的構造（物質、細胞、組織、器官が統合化されたもの）を学問の知識群に応用し、学問（家政学）の本質的構造を説明している。そして、身体の構造と学問の構造の決定的な違い、すなわち、身体の構造は人間の生の営みの中で生物的、物理的本能的に人間の思惟とは関係なく、組織化され統合されるものであるのに対して、学問を形づくっている知識は人間の研究活動によってつくり出され、そこには人間の思惟が加わることにわたしたちは気づくのである。研究を行い知識をつくり出すのは人間であり、すなわち家政学をつくり動かしているのは人間である、という基本的な視座により家政学の研究活動における問題点や限界、研究に臨む姿勢・態度をも、学問論・本質論の中で展開したところに、富田守家政学原論の大きな特徴があるのではないかと筆者は考える。
　すなわち、富田守の学問論の中には人間論、生活論が重なりあっているのである。科学や学問はただそこにあり、すでに存在しているものではなく、毎日を生きる人間が苦しみ、あえぎながら、また楽しく、好奇心をもって研究を進

め、知識を生み出しているからこそつくり出されるものであり、人間の生産物なのである。

　これまでにさまざまな家政学原論研究者が家政学の統合体系化を図るため、家政学について「わたしはこう思う」「こうあるべきだ」と論じてきたが、家政学とは哲学や理念であると同時に、何よりも学問という実態なのであることを富田守お茶大原論は主張している。これまでの家政学の研究者たちが研究活動を行った努力の成果こそが家政学のありのままの姿であり、その現実を把握し冷静に受け止めることにより、家政学の問題点の解決と統合化、体系化への糸口がみつけられるのではないだろうか。

2.総合化への指向

　家政学は人間生活という幅広いものを対象としているため、専門化・細分化（スプリッター）が進み、学問としての統一性に欠けるという特徴をもつ。それゆえ、家政学は家政学原論領域を置き、各専門領域の知識を総合させ、統合化、体系化（ランパー）を図り、家政学全体としてのまとまりを維持しようとしてきた。

　前にも述べたように、家政学の知識は食物・被服領域で80％を占め、そのほとんどが実験や観察などの自然科学系、つまり「分析的手法による研究（スプリッター）」が多いことがわかっている。また一方で、家政学原論領域の論文数は全体の0.2％にとどまり［佐藤真弓、1991］、「総合的な研究（ランパー）」は数が少ない。家政学のように生活を総合的にみようとする場合は、スプリッターだけでは完結できないのは明らかであり、ランパーを意識しながら学問の目的に近づくことが必要であろう。双方の融合のためには「人類のために」という共通の目的をもつこと[注14]が、いちばんの近道となるであろう。

　基礎的な科学的な研究を積み重ね、それを統合させ実生活に応用させようとする研究が双方そろってこそ、はじめて生活に役立つ研究となる。よりよい生活のために家政学が取り組むべき課題を明確にする使命があるランパーとしての家政学原論の発展が期待される。

3.よりよい生活を創造する学問としての期待

　家政学は最も新しく、21世紀に発達していく科学であることの意識を高めることが重要である。日常生活の身近なところに適応と変容の根源が存在して

おり、家政学の研究はわたしたち人類の未来の鍵を握る重要な研究であるとの認識をもつべきであろう。現実の問題を解決する適応科学の意味だけではなく、わたしたちがより楽しく明るい未来が迎えられるような独創的で魅力的なよりよい生活創造学としての家政学が期待される。

4．家政研究の不人気の払拭

　家政学は女子教育から始まった歴史をもつが、現代もなお、学問の中身が世間に知られておらず社会にアピールができていない。そして、「家政」という名前自体がもつ印象や古めかしさから、花嫁修業などといった誤解を生んでいる面があることも否めない。家政学はその対象を人間生活としているため、名称と中身の不一致も認められる。家政学の名称を生活科学、生活環境学、人間生活学、ライフデザイン学、人間環境学、消費者科学へと変更する意見もある。

　しかし、名称変更するだけでは問題は解決しない。家政学の知識をこれからどのように組み立て、社会に貢献できる学問へ発展させるか、その方策を今こそ考えていくべきである。そのために学問としての理論的側面と社会的側面の双方の整備を図っていく努力が必要であろう。

5．家族、家庭研究の活性化

　アメリカにおける家政学は「Home Economics」から「Family & Consumer Sciences（家族・消費者科学）」へと名称変更（1994年）したが、アメリカ家政学には成立以来一貫して家庭と家族中心志向があったといわれる。アメリカ家政学の影響を受けている日本の家政学においても、「家族」は自己実現を可能にするため醸成すべき重要な環境の一つとしてとらえられている。そして家政学は広く人間生活を対象とし、その中に家庭生活を中核に据えている。家政学こそ、「家族」および家族が生活を営んでいる場であるところの「家庭」を強く意識している学問であり、家政学において家族・家庭に関する研究がより活発に行われていく必要があろう。

　家政学は総合科学であり、いかなる研究方法を用いてもよいとされている。家族・家庭のような複雑で総合的なものに対しては、あらゆる方向からのアプローチが必要であり、家政学においてこそそれは可能になるのではないだろうか。個人化が進み、家族不要論まで飛び出す昨今であるが、家族・家庭の研究を行う絶好の場が家政学であるだろう。

注1）例えば、お茶の水女子大学が1992年家政学部から生活科学部へ、奈良女子大学は1993年家政学部から生活環境学部へと名称変更した。また、1994年昭和女子大学は家政学部を生活科学部へ、1995年実践女子大学家政学部が生活科学部へ、同志社女子大学は家政学部を生活科学部へと名称変更した。東京家政学院大学は家政学部・人文学部を改組し、2010年現代生活学部を設置した。

注2）富田守［1984］は、その3部門はまた大小2つの観点から、それぞれに、学問―家政学、人間―家族、生活―家庭生活と分けられ、3部門を6部門として考えることもできるとした。

注3）人類学とは、文化をもった生物種としてのヒトの本質、由来（進化）、多様性（変異）をあらゆる科学的な手法で解明し、「ヒトとは何か？」を明らかにする学問(科学)である。人類学は、人類を生物種ととらえ、おもに人類の身体的側面を自然科学的手法で研究する「自然人類学」、さまざまな民族の生活文化を、社会・人文科学的手法で研究する「文化人類学」の2大領域から成る。自然人類学には、形態人類学、遺伝人類学、生理人類学、生態人類学の4分野があり、文化人類学には先史人類学、民族学、社会人類学、言語人類学、心理人類学の5分野がある［富田守、2012］。

注4）疑問や仮説から方法を決定する過程で起きる飛躍（gap1）のこと。人間やその生活に関する問題は複雑で難しいものが多く、現在仕える方法はすぐに検証や解決ができないことが普通であるため、研究者は適切な方法を探しそのギャップを上手く飛び越えようと努力する。また結果から結論を導く際にも飛躍（gap2）がある。結論まで至るのは難しいため、要約、まとめ、などの言葉にすることも多い。特に応用実践科学のような大きな目的をもった研究の場合は、このgapの段差が大きくなると考えられる。それは、例えば「研究を行った結果、○○がわかった」ということで完結する基礎科学とは違い、特に実践科学における研究では、まず現実の問題を解決するという研究目的に照らして、採用しようとしている研究方法が適しているかどうかということから吟味する必要がまずあること（gap1）、そして、ある研究結果が得られたとしてそれが現実的目的に合うものであるかという考察を深めていかねばならず、早々に結論を導き出すことは困難なこと（gap2）も多く、段差はより大きくなるのである［富田守、1984、1990、2001］。

注5）「鈍」は予想外のことが起きるようなちょっとしたいい加減さ、先があまりみえていないことをよしとすること、「根」は最後まで投げ出さないねばり強さ、「勘」は科学的思考のセンスやひらめき、の3つを挙げさらに多少のチャンス「運」も必要としている。

注6）寺田寅彦（1878-1935）は物理学者であり、文学にも精通し多くの随筆を残している。「科学者はあたまが悪くなくてはいけない」は1933年10月に書かれた随筆『科学者とあたま』の中で述べられている。寺田は科学の歴史はある意味では錯覚と失策の歴史、偉大なる迂愚者の頭の悪い能率の悪い仕事の歴史であるとし、頭が悪いひとは物分かりが悪いため地道に努力し、呑み込みが悪いため段階を追って進まねばならず、前途の難関が見えないため楽観的な気分のまま難関にぶつかりダメに決まっているような試みを一生懸命続けることができると考えた。

注7) 元来、スプリッター（splitter）には比較的小さな特徴に基づき生物を多くのグループに分類する分類学者、ランパー（lumper）には主な特徴をもとに有機体を大きな群へと区分けする分類学者という意味がある。Bernard Wood [2014]によれば、ヒト属に含まれる種を分類するにあたって、分けたがり屋（スプリッター：分割派）と、まとめたがり屋（ランパー：統合派）がおり、前者は化石記録における不連続性を重視するため多くの種を認める。一方、後者は化石記録における連続性を重視するため種の数が少なくなる。すなわち同じ化石記録証拠を調べても、その研究者の研究の視点の違いにより、結果作られる系統図は異なるのである。

注8) 家政学は家庭生活を中心として、これと緊密な関係の社会事象に延長し、さらに人と環境の相互作用について、人的・物的の両面から研究して家庭生活の向上とともに人間開発を図り、人類の福祉増進に貢献する実証的・実践的科学である。（日本家政学会 1970年の定義、インフォメーションシートより）

注9) 家政学原論部会では、新しい家政学の定義として中森千佳子より次のような提案もなされている。「家政学とは、個人・家族・コミュニティが自ら生活課題を予防・解決し、生活の質を向上させる能力の開発を支援するために、家庭を中心とした人間生活における人と環境のとの相互作用について研究する実践科学であり、総合科学である。家政学は、生活者の福祉の視点から、持続可能な社会における質の高い生活を具現化するライフスタイルと生活環境のありようを提案する。」（家政学原論部会行動計画 2009-2018　第1グループによる家政学的研究ガイドライン 2013年）

注10) 『家政学雑誌』の投稿規定に原稿の掲載種類として報文、ノート、資料、総説などが認められているが、それぞれ性質を異にしており、論文として最も完成度の高いものを報文扱いにしているため、本研究では報文を主な調査対象とした。1987年第38巻以降は『日本家政学会誌』と改称しているが、当該研究では『家政学雑誌』で統一する。

注11) 『家政学将来構想 1984』が発刊された当時一般的であった家政学原論、家庭経営学、児童学、食物学、被服学、住居学、家政教育学の7分類を基本として、寄せ集めであった家庭経営学を家庭経営学・家庭管理学、家族関係学、家庭経済学という3領域に細分した結果の9領域である。

注12) 定期刊行物、すなわち学会・協会など学術団体が編集・刊行するもの、あるいはこれらの団体が編集し、商業出版社が刊行するもの、大学・研究所など試験研究機関が刊行するもの、事業団体・産業団体の刊行物、生産会社の刊行物、官公庁の行政的部分の刊行物を「雑誌」として扱う。

注13) 不定期刊行物、すなわち入門的に扱った一般読者向きの本、中級程度または教科書、程度の高い専門書、辞書、事典、年鑑、ハンドブック等を「単行本」として扱う。

注14) 村上陽一郎 [1986] は、科学的であることを分析的であることと等値と考えるドグマから脱却し、科学に対してより柔軟な論理構造の枠組みを許すこと、そうした柔構造が結果的に「人類のために」という科学の目標を科学の外部ではなく、科学の内部に改めて設定させることになるだろう。その時我々は専門化の弊を乗り越えたといえる、とした。

◎参考文献

池内了『科学と科学者のはなし──寺田寅彦エッセイ集』岩波書店、2000年

池内了『寺田寅彦と現代──等身大の科学を求めて』みすず書房、2005年

今井光映「生活の学としての家政学」今井光映・山口久子編『生活学としての家政学』有斐閣、1991年

エスリー・アン・ヴェア著　住田和子・住田良仁訳『環境教育の母──エレン・スワロー・リチャーズ物語』東京書籍、2004年

岡本順子・矢野とし子・大森正行・岡田安代・加藤みゆき・長野宏子・佐々木敏雄「家政学雑誌における引用文献情報の解析」日本家政学会誌、Vol.38、No.12、pp.1117-1122、1987年

Kazuko Sumida : Collected Works Of ELLEN H. SWALLOW RICHARDS 1,別冊解説：住田和子『エレン・リチャーズの人と思想─生涯と著作』、Synapse、2007年

川上雅子「総合科学、実践科学としての家政学」富田守・松岡明子編『家政学原論─生活総合科学へのアプローチ』朝倉書店、2001年

紀嘉子「アメリカの家政学」富田守・松岡明子編『家政学原論─生活総合科学へのアプローチ』朝倉書店、2001年

酒井邦嘉『科学者という仕事』中公新書、2006年

佐藤真弓「『家政学雑誌』における報文数および報文内容分析」　日本家政学会誌　Vol.42、No.11、pp.937-948、1991年

佐藤真弓「『家政学雑誌』掲載報文の引用分析よりとらえた家政学の特質」　日本家政学会誌　Vol.42、No.11、pp.927-936、1991年（1991b）

住田和子「「家政学」概念の形成」家政学原論論文集、家政学原論部会、pp.15-18、1988年

住田和子「思想としての生活学」住田和子・有馬澄子編『生活学・生活経営』建帛社、1994年

トーマス・クーン著・中山茂訳『科学革命の構造』みすず書房、1971年

富田守「家政学原論講義内容」家政学原論部会会報、No.18、pp.7-9、1984年

富田守「学問としての家政学」林雅子・石毛フミ子・松島千代野編『新家政学』有斐閣双書、1986年

富田守「家政学とはどういう学問か」日本家政学会編『家政学原論』朝倉書店、1990年

富田守「家政学とはどういう学問か」富田守・松岡明子編『家政学原論』朝倉書店、2001年

富田守『学んでみると自然人類学はおもしろい』ベレ出版、2012年

中森千佳子「アメリカ家政学と消費者科学─家政学の視点による消費者教育の考え方」松岡明子編『家政学の未来 ─生活・消費・環境のニュー・パラダイム』有斐閣アカデミア、2004年

日本家政学会編『家政学将来構想1984』光生館、1984年

日本家政学会ホームページ http://www.jshe.jp

バーナード・ウッド著　馬場悠男訳『人類の進化─拡散と絶滅の歴史を探る』丸善出版、2014年

松下英夫『新家政学原論』家政教育社、1968 年
松村明編『大辞林第三版』三省堂、2006 年
村上陽一郎『近代科学を超えて』講談社、1986 年

さまざまな生活論

第1節　中原賢次の生活論 ——営み論と生活保衛力

中原賢次は『家政学原論』[世界社、1948] や『家政学序説』[高陵社書店、1953年] を著し、その中で営みと生活保衛力という2つの概念を提示した。

1．営み論

中原は、分裂と統一とが無限に連鎖するところに生命の本質があり、生命の本源的な働きである「営み」とは、分裂されたものを統一する働き[注1]であるとした。生命はその個体（生きている主体）の生きるための働き（営み）によって存続する。したがって「営み」とは人間のみならず、全て生けるものは皆なんらかの「営み」をもっていると考えた。

「営み」とは、呼吸、歩行・飛翔・遊泳、採集・捕獲・栽培・飼育、食べる、着る、眠る、育てる、冬眠・脱皮・襲撃・逃避……など、生きるために必要な活動全てを指し、生は「営み」によって維持され、安定し永続できるため「営みは生の宿命である」とした。

人間の生活においては、人間の働きの全ては、生命の担い手である現実の一人一人の人間の「生命維持の働き＝営み」である。中原が考える「営み」を「生活」という言葉で置き換えてみてもいいだろう。食べること、寝ること、着ること、住まうことなど、「生活」をすることなしには人間は生命を維持できない、すなわち「生活」は、人間が生きていくための宿命であるといえるのである。中原は人間が生きるために行う諸々の事象を「営み」という言葉で表現した最初の人物であるといえるだろう。

この「営み」という言葉には、「生活」が静態的で固定的な印象をもつ言葉であるのに対して、過去から現在、未来へと生きようとする生命の躍動が見えてくるようなダイナミックな印象がある。

さらに中原は、「家庭（という集団生活）における人間の宿命的な営み」を家政とし、家政を探究するのが家政学であるとした。人類が普遍的に行う生の営みを、家政学という学問を成立させるための根本原理としてとらえようとしたのである。

 家政学では「理」と「道」という2つの法則に従うべきとし、「理」とは"どのように生きているか"という科学的事象における問いであり、これを探究する領域が生活科学であるとした。一方、「道」とは"いかに生きるべきか"など理念や価値における問いであり、これを探究する領域が家政哲学であるとした。そして、この2つの矛盾・対立を統一統合し、調和の実現を図るのが家政学の使命であると考えた。

2. 生活保衛力

 中原は、人間の営み、生きるために必要なもの、いわば人間の生を支え衞る力として「生活保衛力」という概念を提示した。これは人間が生きるために必要な自然、衣食住などにおける生活資源や環境、そして人間が生きて生活を営む力を含んだ包括的な概念であると考えられる。

 中原は、「生活保衛力」を以下の4つに分類している。

1. 日光、空気、水、動物、植物、鉱物、地勢、気候などといった自然物
2. 生産・加工・保存・調理・建築・修理・治療・看護・交通・通信・運搬などに関する知識・経験・技術
3. 社会的組織・機構・施設・制度・習慣・道徳など
4. 健康であること、精神力が旺盛であること、個体がもつ遺伝的素質、修養・鍛錬などによって得たもの、といった個々人の身心

 中原は、生活保衛力を獲得・保持しようとするところに生の営みの本質があるとしている。また生活保衛力には、個人的自衛力、生活自衛力、家庭保衛力、社会的保衛力、国家的保衛力、国際的保衛力があるとした。このような中原の主張は生きる人間が生活保衛力を獲得・保持しようとする一方向的な動きを示していると考えられ、今日の家政学における生きる人間と環境の相互的な関係性にまでは言及できなかったといえよう。

第2節　松平友子の生活論 ──生活時間研究

　松平友子は『家政学原論』[高陵社、1954] と『松平家政学原論』[光生館、1968] を著したが、松平生活論の特徴は、生活における生活時間（生活周期と生活要素）に着目したことにあるだろう。人間とは大宇宙の中の一点であるこの地球の表面の、ある一部に生息している生物の、またその一種属たる動物であり、地球の自転と太陽および各星たちとの関係から生じる周期、すなわち時間が人間の生活を最も強く作用しているとした。1日24時間を1つの周期（生活時間）として、それに下記のような「生活の3要素（生活行動）」を対応させることによって、生活の様態を明らかにすることができるのではないかと考えた。
　生活の3要素の考え方は、その後の生活構造論にも大きな影響を与えているものとして評価されるが、3要素間の関係性にまでは触れられていない。

1. **生理的生活**（睡眠、横臥、座る、飲食、哺乳、排便、洗面、沐浴、整容、妊娠、分娩など）
2. **作業的生活**（炊事、洗濯、アイロンかけ、後片付け、掃除、裁縫、買い物、記帳、消費財・生産財の生産・配給・貯蔵、接客など）
3. **慰楽教養的生活**（マス・メディア接触、遊技、ゲーム、スポーツ、団欒、交友、趣味、読書、旅行、芸術、学術、宗教、社会的奉仕活動など）

　また、人間は生まれながらにして家庭の一員であり、最も基本的な日常生活の大部分を家庭で営んでいるのであるから、生活時間の多くを家族とともに過ごしている。家庭における生活時間の配分は、家族相互の思いやりと協力により、生活3要素の調和を保ちながらなるべく多くの自由時間を生み出し、これを個性の発展と社会の福祉、および文化の向上とに善用すべきであるとした。
　さらにわたしたちの生活とは、断続しているものではなく、出生から死に至るまで連続し、精神と物質のからみ合った有機的統合体であるから、家庭生活の現実の内容は、生活の本質として統一的一体を成している。よって家政学における衣食住その他各論は、学問的に分析した内容を総合的な観点に立って生活の全体に還元して把握しなくてはいけないとし、家政学の総合性にも触れている。
　特色のある家庭生活論と家政学の意義や研究方法、家政学の体系化や総合化といった問題にも言及し、その後完成されるお茶大原論の礎をつくったといえよう。

第3節　黒川喜太郎の生活論 ——位層的発達段階説

　黒川喜太郎は『家政学原論』［光生館、1957］を著し、その中で生活の「位層的発達段階説」を論じた。それは生活を物質から始まり、生命、生存を経て生活へと発達・変化するように一貫した原理をもつ、以下の4段階の発達過程として整序するものである。

　　第1段階　＜物質：ある：Matter＞
　　　人間、生物の始源・生成・発達の根源。物質は生命が生成された原体。
　　第2段階　＜生命：生きること：Life＞
　　　生物の生物たるゆえん、生物（生存体）の原体。
　　第3段階　＜生存：生きていること：to live、living、Existence＞
　　　生命の存続体、生活の原体。
　　第4段階　＜生活：いかに生きるか、生き方：Life、way of living＞
　　　人間が他の生物と区別された段階。生きる方法を考える思惟が加わる。

　そしてこの4段階は、別々に構成され機能するのではなく、全てが生活統一体として層をなして同時に働くとしている。これら4段階は生物全てに該当する発達段階であるが、さらに黒川は人間生活に特化した位層的発達段階説も説いている。それは次のような3層から成る。第1層は生きている（生存事実：生物の「第3段階」に相当）段階、第2層はいかに生きるか（生活方法：生物の「第4段階」に相当）、その上に第3層いかに生きるべきか（生活目標）の段階を置き、人間的生活目的を達成することが人間の生活においてもっとも高い次元にある段階とした。
　このように述べながらも黒川は万物は発達変化をするものであるとし、人間生活も例外ではないと考えていた。そのため前述の生物の4段階にまたがる生活統一体において生活を説明するとともに、その中によりよい次元を目標に生きようとする存在としての人間をとらえようとした。黒川の生活論は「生きる人間」を中軸とした位層的発達段階という枠組みにおいて、組織的、体系的に、生活を把握しようとした点が評価されるだろう。

第4節　今井光映の生活論 ──根源経営説

今井光映は『家政学原理』[ミネルヴァ書房、1969] を著した。ニックリッシュの経営理論に影響を受けた今井はそれまでの家政学において、家政の"政"のマネジメントがなおざりであったことを省み、最も根源的であるべき家政経営を基軸に家政学を体系化理論化すべきと考えた。その後『テキストブック家政学』[有斐閣、1979] において根源経営[注2]するシステムとしての家庭生活のとらえ方を示した。

今井によれば家族や個人が精神的、生理的、物理的にさまざまな欲求を充足させようとする活動、場が経営である。つまり「経営」とは企業に特有な概念ではなく、広く人間生活に普遍的な概念であり、その中で人がその欲求を最も第一義的に充足しようとして構成する組織が家政である。家政は、経営中の経営、根源経営であり、もっとも中核的な生活のシステム、すなわちエコシステムであるとした。そして企業も組合も自治体も国も、派生経営として家政に奉仕する衛星のサブシステムであり、決してその逆ではない点を強調した。

家政学の対象である家政は、家族・個人の生活である。この生活とは1つのシステムとして、ヒトとモノ、ヒトとヒト、ヒトとココロ、の相互作用関係の中で無限に連鎖するものとしてとらえられる。生活システムの要素をヒト・モノ・ココロの3つで説明をした点は、家政学に初めて触れる人にとっても理解しやすく大いに評価される点であるが、さらに今井はこのような相互作用の様子や、生活におけるさまざまな事象、それを経営すること、それら全てを生活システム（＝家政システム）としてトータルにとらえることが重要とした（**図表3-1**）。

さらに、今井はこのような欲求・充足は家族・個人の自己実現を目的として行われるが、近年それをめぐる環境によって妨げられやすくなっていることを懸念する。ヒトとヒト、

図表3-1　生活の系

[出典] 今井光映、1979、p.16

ヒトとモノの相互作用が、自己実現に正しく作用しなくなっているこの状態を消費者問題ととらえた。それを受けて中森千佳子 [2004] は、消費者教育の目的をライフスタイルの形成とその実現に必要な生活環境をつくり出す生活環境醸成能力の育成であるとし、家政学における消費者科学の視点を確認した。

第5節　青木茂の生活論 ——調和概念と生活のアート化

青木茂は『新・家政学原論』[中教出版、1970] を著した。経営学・会計学を専攻としていた青木は前節今井同様、ニックリッシュの根源経営理論[注2]を取りあげ、家庭生活の向上が何よりも優先されると考えていた。家政学は全体と部分の調和（社会の単細胞としての家庭、その集合体を国家と把握し、国家と家庭との有機的な結合の中での考察）、目的と手段の調和（家庭生活向上のための精神面の追求が人間関係論、物質面の追求が家事生活論）の2側面を持つとし、家政学の整序概念として「調和[注3]」を掲げた。

家政学を「家庭生活の向上を物心両面の調和の中で追求する学問」とし、家庭生活において「物質と人間、人間と人間が豊かに調和している姿＝アート化」を目指すとした。この場合のアートとは、健康、安全、快適、創造という4つのファクターが家庭生活の中でバランスがとれている状態をさす。青木は人間的豊かさ、すなわちリラックセーション（relaxation／ゆるめる、ゆるむ、心身の緊張を解きほぐす）の追求こそが家庭生活の目的であり、アート化されて初めて自らを完成するとした。生活のような多くの側面を持ち、幅広いものを考える際には青木の調和の概念は有用であると考えられる。また青木は人間や物質との関わり合い方において「with[注4]」の概念の重要性を指摘した。

双方が少しずつ折れてお互いを受け入れようとするこのwithの概念は、日常生活を営む人間と人間の関係においても注目すべき視点である。これに関連する概念をいくつか紹介したい。保育や介護など福祉分野でみられる「相手への寄り添い」の態度、中間美砂子 [2008] が取り上げた「相互主観性[注5]（inter subjectivity）」、思想家柳宗悦（やなぎむねよし）の「他民族への理解」（世界において一つを得んがためには二面が必要）などはまさにその姿勢をあらわしているといえよう。またユクスキュル「環境世界」（生物はそれぞれ固有の環境世界を持ちその中で生きている）、保坂幸博の「類比的共感的理解」（異なる宗教や文化の理解の際には自分と似ている点を見つけ出し共感することが重要）などもwithに関連す

る概念であると考えられ、共存共生の社会を目指す上で参考にすべき視点であろう。

さらに青木は、家計論の背後にある税金問題、物価問題、住宅難、社会保障の不備を自覚し、「サラリーマン不公平税是正」という市民運動を起ち上げ、新党結成し政界に身を投じた。家庭生活の向上を政治・学問の両面から達成しようとし、青木自ら政治の場へと行動を起こしたのである。家政学研究においてどんなに優れた研究成果が生まれようと、それを日常生活に実践応用できなくては、家政学は人類の福祉に貢献する実践科学足りえない。青木はその実践の場として政治を選択したという点がユニークである。

第6節　田辺義一の生活論 ——生命維持機構

田辺義一は著書『家政学総論』[中教出版、1971]の中で、生活とは、生物体が生命をもち（生きている）、生き続け（生存）、それ自身が意識をもって生きるためのなんらかの活動をしている状態（生活）であり[注6]、生命を維持し、生存を全うする諸々の営みであるとした。

そして、生きることと生活することの最終目的である生命維持（個体維持と種族維持）に関して、人間を含めた動物は一般に食欲と性欲という大きな本能的欲求を先天的にもち、それらの欲求を充足させることにより生命を維持していると考え、「家庭とは生命体としての人間が営む食と性（個体維持と種族維持）に関する基盤的な生命維持機構を有している」と結論づけた。

富田守[2009]は、人類学を専門とした田辺が社会学的用語である「家族」という言葉を使わず、「家庭」「家庭生活」の語を使ったことは、家政学の独自性を主張するためであったのではないかと推測している。そして、富田は田辺の主張を支持し、家族のライフシステムとは家庭の生命維持機構であり、その重要な部分は、食と性であるとした。

さらにこれに関連して、富田守[2012]は、人間の生命維持機構と同様、宇宙から生命までのすべての活動に「自己存続の原理」があるとした。富田は人類の脳が発達進化し、文明や高い精神文化を発達させ、その結果生み出された優れた高度な科学・技術を通じて、人類、宇宙、地球など諸々の生命の自己存続に貢献できるのではないか、それこそが人類の存在意義なのではないかと考えたのである。このことより、わたしたち人間が生きて、よりよい生活を送る

ことは、宇宙が存続し続けること、地球上のあらゆる動植物など生命が存続し続けることと同じことなのであり、人間はその優れた能力を人間自身および人間以外のあらゆるものの生命の自己存続のために活用しなくてはいけない使命をもっている、と考えられる。

第7節　関口富左の生活論──人間守護

　関口富左は『家政哲学』［家政教育社、1977］において、人間は守られるべき弱い存在であるとする人間守護論を展開した。関口は、家政学が生活物質や生活の表面的現象の研究に傾き、拡散化の方向に進むことに懸念を抱き、人間存在を中心に据え、哲学的思考で家政学を構築しようと試みた。

　人間守護の概念の根拠として、関口はドイツの教育哲学者ボルノーの次のような理論を挙げる。それは「人間の本質にかなった人間と世界の関係は、住むということである」という人間存在の規定、そして人間を守り、人間に安心の空間や時間を与える家の被護性（Geborgenheit）を説くものである。関口は「うち」と「そと」の概念を次のように考える**（図表3-2）**。

　守護の空間＝内部空間（休息と平和：帰る空間）内における安らぎと心身の開放的ありかた、不守護の空間＝外部空間（労働と仕事：行動する空間）における緊張と防衛的状況の不安定なありかた、という相反する2つの状況が存在し、この2つの空間の均衡が正しく保たれていることに人間生活の健全さがあり、そこに人間存在の確認ができるとしている。関口は「住む」場こそが家庭、家であるとし、家政学の目的は日常生活における人間守護の実現にあるとした。

　関口の「うち」と「そと」の理論は、生活における特に心の安らぎの場、空間の重要性を説くものであり、人間生活においては住生活のあり方に関連が深いといえる。そして人間はその空間にただ「いる」存在なのではなく、「うち」の空間を自分の心安らぐ住まいとして、職場や学校など「そと」の空間と行き来をすること（生活）において、自らのあり方、生き方を確認していくとしたところが重要である。この理論にも「生きる人間」が中軸とされていることがわかる。

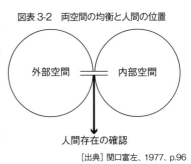

図表3-2　両空間の均衡と人間の位置

外部空間　内部空間

人間存在の確認

［出典］関口富左、1977、p.96

第8節　岡村益の生活論——生活構造論

岡村益は、岡村益・横山シズ『家政学の考え方と研究法』[高文堂出版社、1982年]において、多面的な生活を全一的なものとして総合的にとらえる方法として生活構造論を提起した。

生活構造論とは生活システムの構造的側面ないし構造的把握であり、具体的には、生活を人間関係・生活時間・生活空間・生活手段・経済・生活環境・生活意識などの諸側面から総合的統一的に認識し構造化されたシステムとして把握しようとするものである。

岡村は松原治郎［1969］による生活構造と家庭構造の図を用いて説明している**（図表3-3、図表3-4）**。それによれば時間、空間、手段、金銭、役割、規範といった構造要因と、生命の再生産、精神の再生産、組織の再生産、物質の再生産といった家庭生活の機能的側面を交叉させて生産的行動、社会的行動、文化的行動、家政的行動、家事的行動、生理的行動などの生活行動が規定される。

一定の家族構成と物的および理念的な条件、社会文化的な条件によって家族の習慣的生活行動が決定し維持される。生活全体が一定の方向と範囲で体系的なしくみ構造をもって営まれているととらえるのである。しかし、家族構成や

図表3-3　生活構造の関係図

機能的側面 ＼ 構造的要因	(A) 時間	(B) 空間	(C) 手段	(D) 金銭	(E) 役割	(F) 規範
①物質の再生産　　生産活動（労働力の消費過程）　②組織の再生産　　余暇活動（労働力の消耗過程／労働力の再生産過程）　③精神の再生産　　消費活動（労働力の再生産過程）　④生命の再生産	（労働と余暇と消費の時間的配分）生活時間構造	（職場・余暇場面・家庭の空間的拡がり）生活空間構造	（生活手段・消費財の所有・配置）生活手段構造	（経営・所得の規模・家計の配分状況）経営・家計構造	（家族内の役割分担・権力の布置）生活関係構造	（家風・しきたりと文化など）生活文化構造

[出典] 松原治郎、1969、p.12

図表3-4　家庭生活の構造

生活行動の側面	構造的要因	時間	空間	手段	金銭	役割	規範
生 産 的 行 動	労働・勤め・作業	家庭生活の時間的配分	家庭生活の空間的拡がり、住居生活	衣・食・住などの消費財の所有・配置	家計構造と生活水準	家族構成・家庭内役割分担	生活態度・生活規範
社 会 的 行 動	外出・交際・会合						
文 化 的 行 動	教養・趣味・マスコミ行動						
家 政 的 行 動	家政・家族の統合・融和						
家 事 的 行 動	家事労働・買物						
生 理 的 行 動	睡眠・休養・食事・身のまわりの用事						

[出典] 松原治郎、1969、p.12

理念、物的条件などのいずれかが変化すれば、生活構造は新しいものにつくり変えられて、解体と再編成、動揺と安定の「動的均衡過程」が展開されるというものである。

このような生活構造論の考え方は、生活の総合的把握の際には不可欠な視点であり重要であると考えられるが、時間的側面により着目していく方が、より生活の実態構造に近づくのではないだろうか。

第9節　OHLS研究会の生活論 ——システム論的研究

著者が参加するOHLS研究会（お茶の水ヒューマンライフシステム研究会、Ochanomizu Human Life System、通称：オールズ研究会）では会の名称にあるように、人間の生活をライフシステムとしてとらえている。

システムとは、抽象的な定義をすれば、統合性または全体性を形成すべく、1つの仕様にしたがって関係づけ、または結合づけた物体、知識などの編成、組み合わせ、流れのこと[注7]である［Joseph J. DiStefanoほか、1998］。

これまでに挙げた岡村益［1982］の生活構造論は、時間、空間などの生活の構造的側面と、生命の再生産、精神の再生産などの機能的側面を交叉させることによって規定される生活行動が提示されており、生活を構成する要素を限定

して静態的にとらえようとした。また、今井光映［1991］は、家庭生活をヒト、モノ、ココロという3要素が時間の経過の中で相互作用するヒューマンエコロジカルな動態的生活構造のシステムとしてとらえようとした。

　OHLS研究会は、生活を構成する要素はほかにも存在し得るのではないかと考える。生活は複雑で幅広いものであるため、人間生活におけるシステム構成要素は無限に存在し、追究する人間の視点（個性）によって違ったシステムが形成されるのではないかと考えられる。もちろんシステムを構成する要素は入れ子構造になっているため、人間生活全体をみると同じ1つのものとして見えているはずである。

　OHLS研究会を構成するメンバーの専門分野は、自然人類学、生理人類学、遺伝人類学、社会人類学、民俗学、文化人類学、人間工学、人類働態学、生物学、理学療法学、家政学、家政学原論、消費者教育、家庭科教育、発達心理学、臨床心理学、小児保健学、保育・幼児教育、子育て支援、初期仏教、看護学と多岐にわたっているが、研究会を重ねる中で、一見関連のなさそうにみえるどの他分野、専門外の研究も、ある側面は自分自身の専門研究に関連していることが実感されてくるのである。

　OHLS研究会が網羅する諸学問分野は、「人間」「生活」そして時には「家族」といったライフシステムの構成要素をそれぞれの視点、切り口から追究しようとしているだけの違いにすぎないのであり、OHLS研究会における研究はどれも、人間生活における関連しあう要素の一つ一つを切り取ったものであるといえる。

　富田守［2013］は、ミラー（J.G.Miller）のシステム論を家庭生活に応用して家庭生活をシステム論的に解釈した。ミラーは、生命体を、細胞（cell）、器官（organ）、個体（organism）、集団（group）、組織体（organization）、社会（society）、超国家（supranational system）の7レベルに分け、それぞれのレベルをシステム論的に分析・考察した結果、どのレベルも19のサブシステム群によって構成されているという理論をつくりあげた。そのミラーの理論を、人的要素である家族のほか、物的要素をも含む総体的な"場"としての"家庭、ホームhome"に適用しようとした結果が、**図表3-5**である。富田はレベルが変わる時に新しい属性が創発的に生じるのではと考え、家庭における20番目の新しいサブシステムは、情報処理のサブシステム群のassociatorから分かれたもので、intimacyまたはloveというサブシステムであり、具体的には、同一家族意識に基づく家族同士の愛などではないだろうか、と考察している。

図表 3-5 富田守「家庭生活の構造」

ミラーによるサブシステム群	ミラーによる organism 個体	home 家庭
物質・エネルギーを処理するサブシステム群(matter-energy processing subsystems)		
1. ingestor 摂取	鼻〜肺、口〜腸	収入、購入、光熱水
2. distributor 分配	脈管系	収入の分配、配線配管
3. converter 変換	消化吸収、代謝系	お金の使い方、調理
4. producer 産出	血肉、エネルギー産出	家族の心身リフレッシュ
5. storage 貯蔵	肝臓、皮下脂肪	預貯金、備蓄品
6. extruder 排出	泌尿・排泄系	ゴミ出し、廃棄処分
7. motor 運動	筋肉、分泌腺	買出し、通勤、旅行、引越
8. supporter 支持	骨格系	家屋、家計維持者、家族
情報処理を行うサブシステム群(information processing sub-systems)		
9. input transducer 入力変換	感覚器のインパルス変換	読書、視聴、家族の会話
10. internal transducer 内部変換	内部変換、感覚の発生	情報の理解
11. channel & net 回路網	神経回路網	家族の人間関係
12. decoder 解読	意味の解読	情報の解釈
13. associator 連合	連合・統合	家族の意思疎通、共通理解
14. memory 記憶	記憶	家庭生活の記憶、アルバム
15. decider 決定	意思決定	家庭の方針決定、家訓
16. encoder 暗号化	インパルス変換	発信形態の選択
17. output transducer 出力変換	出力変換、発信	家庭方針の発信・実施・行動
物質・エネルギーと情報の両方に関係したサブシステム群(matter-energy and information processing subsystems)		
18. reproducer 増殖	生殖系	出産・育児、結婚・他出
19. boundary 境界形成	皮膚	家庭の境界、敷地、柵や塀

[出典][富田、2013、pp.17-19]に基づき作成。

　江村綾野ら[2015]は、日常生活において意識の根底に流れる"目には見えない大切なもの"をどのようにとらえているかについて、女子大学生を対象に面接調査を行った。回答の文章をKJ法[注8]により分析し検討を行ったところ、ゆるやかな信仰、慣習、宗教的イベント、スピリチュアルの4つのカテゴリーが抽出された。4つのカテゴリーは、神頼み、祈り、神の意識、無関心、葛藤、期待、日常的慣習、家族のイベント、大切なものへの愛着、心の支え、親への感謝、風水、ジンクス、霊的体験、死への恐れ、運、身体へのこだわり、など回答から抽出されたさまざまな概念から生成されたものである。女子大学生は、日常生活においてこのような目には見えないが神への祈り、慣習、宗教性、スピリチュアルなどを大切なものとして意識の根底にもちながら、それを生活行動に反映させていることが示唆された。

　そして、ここに抽出された概念を下位システム、サブカテゴリーをその上位システム、カテゴリーをさらに上位のシステムとしてとらえ、それぞれを人間の意識のライフシステムの構成要素とみなすことは可能であろう。現に、お墓

参りや初詣(はつもうで)、ゲンかつぎなど、宗教的イベントは日常慣習化され、また、お宮参り、お食い初(ぞ)め、七五三、入学式、卒業式などライフステージごとの文化的行事においても、冠婚葬祭、祭りなど儀礼祭祀(さいし)においても精神的宗教的行動は行われており、これらはライフシステムを構成する要素を示すと考えられる。

　また、KJ法により携帯電話に関する意識の傾向を明らかにしようとした研究もある。佐藤真弓ら［2010］は、18歳から21歳までの女子大学生を対象に、携帯電話に対する意識について質問紙を用いて調査した。「携帯電話はあなたにとってどのような存在か」という質問に対する自由記述により抽出された言葉をカード化しKJ法により分析を行った結果、携帯電話のとらえ方に関して「肯定的⇔否定的」、「心情的⇔道具的」という2つの指標が得られた。言葉群は「依存」、「愛着」、「なくてはならない」、「便利」、「手段」、「否定」の6グループに分類することができた。これらは女子大学生の携帯電話に対する意識を構成する要素をカテゴリー化したものであるといえる。

　他にもライフシステムの構成要素はないだろうか。アメリカの経済学者ケネス・E・ボウルディング［1979］は、この世界は太陽系のように必然から生まれたシステム、生物系のように必然と偶然から生まれたシステム、人間と人間がつくりだすもので、必然、偶然、そして自由によって生み出されたシステム、の3つから成り立っていると考えた。われわれの行動はわれわれのイメージに依存しているとし、人間のイメージを空間、時間、関係、価値、感情・情緒、意識・無意識・潜在意識、確実・不確実、明晰・曖昧、現実・架空、公私といった側面でとらえることができるとした。

　これらにより、ライフシステムを「うち」と「そと」というイメージの空間の2要素に分け、その2つを主体である人間が行き来し、生活の営みをダイナミックに続けていく。そしてその2要素の中でそれぞれ下位サブシステムが形成される、と考えることもできるかもしれない。

　最後に、ライフシステムの構成要素をまとめあげる力、すなわち統合力について考えてみよう。システムは全体がうまく統合されるように制御されているとすると、人間生活の統合力（制御）とは何であろうか。ライフシステムの構成要素について一般には家政学における諸領域のように、衣生活・食生活・住生活等のシステム群としてとらえるのがわかりやすいが、第2章第13節で紹介した「撚糸(ねんし)モデル」では、住田和子はそれら衣食住をまとめる力、すなわち家政力ともいえる統合力を「撚(よ)りの力」でたとえた。また、前述の中原賢次は

それを「生活保衛力」という概念で示したといえる。ここで生活における衣食住等の要素をまとめる統合力を「生の充足感・心地」という概念でとらえてみよう。そうすると着心地、住み心地、居心地という言葉が生きてくるのである。

注1）原子物理学の基礎を作ったシュレーディンガーは、原子はすべて絶えずまったく無秩序な熱運動をしているが、生物体の動きは秩序だった物理法則があることから、秩序だて規則正しくしようとする方向に向かうこと、それが生きていくことである、としている。

注2）「組織は欲求充足のためにそれを目的として存する。…欲求充足の達成は現実には人間は消費者として行う。…家計を根源経営となし、企業を派生経営となす考え方…だから、欲求する人間、経済学的にいえば、消費者がすべての組織のアルファーでありオメガーである」（高田馨『経営共同体の原理―ニックリッシュ経営学の研究―』森山書店、1957、p.41）とするハイリンヒ・ニックリッシュ（独・経営学者）の根源経営理論である。

注3）調和（harmony／balance）とは、全体がほどよくつりあって矛盾や衝突がなく、まとまっていることである。日常生活における「調和」というと、仕事と仕事以外の生活の調和であるワークライフバランスという言葉もあるし、自分の欲求、家族の欲求、時間・空間・金銭的な問題をどう調整していくかなどバランスが大切になる場面は多く見られる。

注4）青木は「調和とはAとBという2つの対立軸がある時、「A and B」のように合わさってしまうのでなく、「A or B」のように対立するのでもなく、「A with B」のようにどちらもが少しずつ折れながら共に、ということである。」とし、この「共に」という意味をもつ「with」は調和概念と相通じていると考えた（2004年7月青木氏本人への聞き取り調査より）。

注5）間主観性ともいう。人間の世界を事実としての世界ではなく絶えず「意味」と「価値」の連関によって編みかえられている「関係の世界」としてとらえようとする現象学的還元論に基づく。

注6）田辺の解釈によれば、睡眠中は意識がなく"生活はしていない"が、正常な一生理現象として生活全体の重要な要素とする。植物の場合は意識がないので、植物の生活といえば、適応的生態、すみわけなどの意味合いが強い。

注7）科学技術分野における定義は、システムとは全体が1単位となって動作するか、または状況形成するように組織づけるべく、物理的作用のある構成要素を結合、または関係づけた整合組織のことである。そしてそれらシステムは全体がうまく統合されるように、なんらかの調節、範囲指示、命令という制御がなされていると考えられる。そのように考えるとこの世に実在しているすべてのものはシステム制御であると考えられる。

注8）KJ法は川喜田二郎［1967］によって考案された発想法である。全体的に現象をあるがままに把握し、その後にそれらを分類、類型化することによって、離ればなれのものを結合して新しい意味を作り出していく方法論である。川喜田は「実験科学」と「野外科学」の特徴を比較し、数えきれないくらい複雑な要素が絡み合っている自然（具体的には人間や生活など）を対象とする「野外科学」の手法としてKJ法を提案したのである。KJ法はライフシステムの構成要素を探る1つの方法として評価される。

◎参考文献

青木茂『新・家政学原論』中教出版、1970年
今井光映『家政学原理』ミネルヴァ書房、1969年
今井光映「家政学の基本問題」今井光映・堀田剛吉編『テキストブック家政学』有斐閣ブックス、1979年
今井光映・紀嘉子『アメリカ家政学史:ホームエコノミックスとヒーブの原点:リチャーズとレイク・プラシッド会議』光生館、1990年
今井光映「家政システム論による総合化」「家政学と生活学」今井光映・山口久子『生活学としての家政学』有斐閣ブックス、1991年
今井光映『ドイツ家政学・生活経営学』名古屋大学出版会、1994年
江村綾野・佐藤真弓・鮫島有理・両角理恵「女子大学生の日常生活における意識―目には見えない大切なもの」OHLS研究会報告、No.8、pp.1-8、2015年
岡村益「家庭生活研究のアプローチとしての生活構造論」岡村益・横山シズ編『家政学の考え方と研究法』高文堂、1982年
川喜田二郎『発想法 ―創造性開発のために』中公新書、1967年
黒川喜太郎『新版家政学原論』光生館、1957年
佐藤真弓「青木茂編著『新・家政学原論』(中教出版、1970)を読む」
(社)日本家政学会家政学原論部会若手研究者による『家政学原論』を読む会『若手研究者が読む「家政学原論」2006』家政教育社、2006年
佐藤真弓、関根田欣子:THE USAGE OF CELL PHONES AND THE FEELING TO THEM IN MODERN JAPANESE COLLEGE STUDENTS ,JOURNAL OF HUMAN ERGOLOGY VOL.39 NO.1、pp.23-33、2010
佐藤真弓「生活におけるさまざまな考え方―家政学における生活論学説史」お茶の水ヒューマンライフシステム研究会編『家族と生活―これからの時代を生きる人へ』創成社、2013年
シュレーディンガー著、岡小天・鎮目恭夫訳『生命とは何か ―物理的にみた生細胞』岩波書店、2008年
Joseph J. DiStefano,Ⅲ ,Allen R Stubberud, Ivan J.Williams 著　村﨑憲雄・大音透・渡辺喜二郎訳『マグロウヒル大学演習　システム制御(I)』オーム社、1998年
関口富左『家政哲学』家政教育社、1977年
関口富左『人間守護の家政学』家政教育社、1999年
竹田青嗣『フッサール「現象学の理念」』講談社、2012年
田辺義一『家政学総論』光生館、1971年
富田守「家族について」OHLS研究会報告 No.1、pp.8-10、2009年
富田守「人類の存在意義とは?」富田守・真家和生・針原伸二『学んでみると自然人類学はおもしろい』ベレ出版、2012年
富田守「家族のライフ・システム」OHLS研究会報告 No.6、pp.17-19、2013年
中原賢次『家政学原論』世界社、1948年
中原賢次『家政学序説―営みの研究』高陵社書店、1953年
中間美砂子「わたしの家政学原論」家政学原論研究、No.42、pp.147-159、2008年

中見真理『柳宗悦―「複合の美」の思想』岩波新書、2013年
中森千佳子「家政学と消費者教育」富田守・松岡明子編『家政学原論』朝倉書店、2001年
中森千佳子「アメリカ家政学と消費者科学―アメリカの視点による消費者科学の考え方」松岡明子編『家政学の未来―生活・消費・環境のニュー・パラダイム』有斐閣アカデミア、2004年
（社）日本家政学会家政学原論部会 若手研究者による『家政学原論』を読む会著『若手研究者が読む『家政学原論』2006』家政教育社、2006年
K.E. ボウルディング著、大川信明訳『ザ・イメージ―生活の知恵・社会の知恵』誠信書房、1979年
保坂幸博『日本の自然崇拝、西洋のアニミズム―宗教と文明』新評論、2003年
松下英夫『新家政学原論―生活経営論の基礎としての家政学の本質的研究』家政教育社、1968年
松平友子『家政学原論』高陵社、1954年
松平友子『松平家政学原論』光生館、1968年
松原治郎「私たちの生活と婦人の役割」家庭の生活設計研究会（松原治郎、岡村益ほか）編『家庭の生活設計』全日本社会教育連合会、1969年
ユクスキュル/クリサート著、日高敏隆・羽田節子訳『生物から見た世界』岩波文庫、2005年

第 2 部

家族と生活を考える

第4章

家族のとらえ方

第1節　家族とは何か、という問い

　人間は、人間から生まれる。人間は親（父と母）と子という人間関係の中で生まれるのである。成長した人間は、ほかの誰かと新しい人間関係をつくることもある。また、人間は自分が親になって自分の子と人間関係をつくることもある。生活の営みの中の一番身近な人間関係が家族であり、家族関係であるといえる。

　一般に「家族とは何か」という問いに対して、皆が納得する答えを出すのは容易なことではない。家族は身近で個別的で日常的な問題であるがゆえに、時代や文化、個人の価値観にも左右されやすく[注1]客観的にとらえることを困難にする。わたしたち自身、家族のとらえ方はさまざまであることを認識しつつも、家族の話になると持論の枠から出られなくなることが多い。

　家族研究を行う研究者にとっても、家族を見つめることは容易なことではない。湯沢雍彦[1969]はアメリカの社会学者ウィリアム・J・グードの言葉[注2]を引用し、家族研究を行う際のわたしたち自身の狭い体験に強くひかれた認識を偏狭な独断として認めず、家族関係学における諸問題を体系的・組織的に考究し、客観的な認識を深める必要があるとした。

　このことは、学問対象として家族を探究していく場合に、家族に関する共通認識[注3]が必要である、ということの裏づけにもなるであろう。「家族とはいったい何なのか」「どこからきたのか」「これからどうなっていくのか」、そうした家族の本質、由来、変異を考えていくためにも、まずは家族を実証的に科学的に解明していく必要があろう。これは、国や文化や宗教や時流に左右されることのない、人間の家族に対する基本的な考え方を皆で共有しようとすることにほかならない。

第2節　さまざまな学問における家族の定義

一般に、家族の定義にはどのような記述があるのだろうか。手もとの辞典には、「血縁によって結ばれ生活を共にする人々の仲間で、婚姻に基づいて成立する社会構成の一単位」(広辞苑第二版補訂版、1976) や、「夫婦、親子、兄弟など、血縁を中心に構成する集団」(現代新国語辞典改訂第三版、2002) のような説明がある。

人類学分野の書物には、次のような記載がある。

杉浦健一 [1951] は「家族は夫婦関係と親子関係との二つの生物的結合によって結ばれている。男女二人の結婚によって結ばれた婚姻的家族は、夫婦双方の親族間に姻族関係をつくる。これに対して、親子の関係によって結ばれた血縁的家族を考える時、血縁的結合の意味が明らかとなる。即ち夫婦の間に生まれた子どもから見れば、父方及び母方の両方の親族は姻族関係でなくて、共に血縁的親族となる。したがって家族は親族関係の中核を構成する基本単位ということができる」とした。今西錦司 [1966] は「オスとメスとが超個体的個体化をとげたもの。または、生計をたてていくうえで超個体的個体化した、オス・メスとその子供からなるもの」としている。

そのほかにも「夫婦と子供から構成される小規模な親族集団である。この集団には、夫婦関係、親子関係と兄弟姉妹関係などが含まれている」[人類学用語事典、1997]、「親子関係、夫婦関係、およびその連鎖によって結ばれている人々による小規模的集合である。または、父・母・子供からなる集団で、このメンバーがともに居住するかしないにかかわらない」[葭田光三、2003] 等がみられた。

また、社会科学分野においては、「家族とは、一般的には夫婦を基礎とする親子、親族などの血縁集団をいう」[社会科学総合辞典、1992]、「社会における共同生活の単位となる血縁集団を指す」[新法律学辞典、1990] 等がみられた。

日本の家族研究は社会学において最も盛んであったといえる。日本の戦前の家族研究に大きな功績を残した戸田貞三は『家族構成』[1937] において、「家族は夫婦ならびにその近親者の愛情にもとづく人格的融合であり、かかる感情的融合を根拠として成立する従属的、共産的共同である」とした。

森岡清美[注4] [1983] は、「家族とは、夫婦・親子・きょうだいなど少数の近親者を主要な成員とし、成員相互の深い感情的包絡で結ばれた、第一次的な福祉

追求の集団である」とした。

　また山根常男 [1996] は家族のもつ社会的意味を次のような5つの面に分けて整理した。

　1、集団としての面
　　　寝食を共にする、身近な、子どもを育てる "生活集団" である。
　2、過程としての面
　　　個人は人生において常に家族に属しているわけではなく、家族は人が通過する "人生過程" である。
　3、ライフスタイルとしての面
　　　家族はさまざまな "ライフスタイル" の選択肢の1つである。
　4、制度としての面
　　　社会の存続と安定に重要な機能をもつゆえに、"社会制度" として規定されている。
　5、関係としての面
　　　夫婦関係、親子関係を基本とした "親族関係" である。

　以上において、いちばん基本的な意味をもつのは5つめの親族関係であるとした。

　さらに、福祉、看護の分野において、「家族は時代と文化を超えてすべての社会に存在する普遍的な制度」[福祉社会事典、1999] や「遺伝的につながりのある者（親、兄弟、子ども）などの集団。広義には同じ家に住む者や結婚によって結ばれた者も含む」[看護大事典、2010] といった家族の記載がみられた。なお、自然科学分野においては家族についての言及はみられなかった。

第3節　家政学がみる家族

1. 家政学における家族の定義づけ

　家政学において、家族はどのように定義されているのだろうか。家政学では家族社会学の影響を強く受け、また重複する部分も大きいことから、社会学の家族定義の使用が多くみられる。先に示した森岡清美の定義は家政学においてもポピュラーなものとして扱われてきた。森岡の定義は家政学事典でも取り上げられ引用されている。

　湯沢雍彦（やすひこ）[1969] は、家族集団は通常は、同一居住、同一生計、同一家族意

識の3要件をもつ生活形態であるとし、居住と生計は同一でない場合があるが、「同一家族意識」は不可欠な要件であるとした。これを受けて横田明子 [1988] は「婚姻、血縁、養子縁組によって結ばれた夫婦、親子、きょうだい等からなる社会集団であり、心的特徴として構成員相互に同一家族意識が存在する。」と定義づけた。住田和子 [1990] は「基本的社会化がなされる相互扶助的親族小集団」とし、家政学用語辞典 [1993] には「親族組織の中で食・住・衣等、日常的消費（家政機能）の共同範囲を家族（family）と呼ぶ」との記載がみられた。

2.家庭（home）との違い

家政学は「家族（family）」を社会の中の人間の最小単位集団と考える。対して「家庭（home）」は、一般には家族が生活する場所として考えられることが多いが、家政学において家庭とは、家族が生活を営む場所のみならず、家族が過ごす時間、家族の人間関係、家族の意識といった構造的側面、および、子どもの社会化、エネルギー再生産といった機能的側面をも複合的に内包したものとしてとらえている。

つまり、家族は「集団を構成する人間（＝個人、家族）」に着目している概念であるのに対して、家庭とはその「人間（個人、家族）と環境（＝生活の場や物財など）が相互作用をする様子」に着目し、さらに「人間そのもの、環境そのものをも含む、より包括的な概念」なのである。よって人間と環境とが相互作用する様子を生活ととらえる家政学において、家庭とは家庭生活とほぼ同じ意味をもつと考えてよい。

3.環境のひとつとしての家族、生活の主体である家族

エレン・リチャーズは、環境を物的環境と人的（社会的）環境に分類し、その人的環境の中に家族を設定した（第2章第9節参照）。さらにリチャーズは、人間は環境から影響を受けるだけでなく、人間は自己実現を図るために望ましい環境を自らつくり出す存在である、という環境醸成の科学を提唱した。これは、環境が単に与えられるものではなく、自分がよりよい人生を過ごすために整えたり、改善したり、創造したりできるものとしてとらえていることであり、家族もその例外ではないということを意味している。

また、アメリカ家政学（1994年より「家族・消費者科学」）は"個人および家族"

を、生活の主体である消費者ととらえている。家族は人間と相互作用する環境の１つでありながら、同時に生活を営む主体でもあり、その意味においては生きる人間と同様のものとしてもとらえられているのである。

第4節　家族関係学という学問

　社会学[注5]において家族領域をカバーするのが家族社会学だとすれば、家政学において家族領域をカバーするものは家族関係学である。

　湯沢雍彦はお茶の水女子大学家政学部で教鞭（きょうべん）をとっていた1969（昭和44）年に『お茶の水女子大学家政学講座第15巻　家族関係学』を著し、家政学における一学問領域としての家族関係学の確立に貢献した。同書では家族関係学確立までの経緯、同学の目的、対象、方法や方向性にも言及されているが、以下、湯沢の展開する家族関係学原論をみていく。

　日本では明治以来、法律学、社会学、心理学、教育学、倫理学等において家族は扱われていたが、家族制度に関する国家統制が強大であったこともあり、家族に関する組織的実証的な研究はあまり行われてこなかった。

　第二次世界大戦後に民法改正が行われ、家族研究のタブーは解除されたものの、家政学における家族（関係）研究は、新家族法の普及啓蒙を主たる役割とし、家庭科教育ないし女子婚前教育の指針に志向していたこと等の理由により、理論的成果が挙げられることがなかった。

　家族について、人は誰もがある種の漠然としたフィロソフィー（哲学的思考）をもつことができるが、本格的なサイエンス（体系だった科学的判断）をもつことは容易にはできない、その偏狭な独断を排斥するために、家族関係についての諸問題を体系的・組織的に考究し、客観的な認識を深める必要がある、それこそが家族関係学の目的であるとした。

　また、家族関係学とは、家族の人間関係の法則性を家庭の物的諸条件と所与の社会構造との関連において把握する科学であると規定し、以下のような方法、方向性が必要と論じた。

　　①実際の家族関係現象を観察、調査し、分析することで、理論的に検証し、法則性を発見するといった経験科学的方法をとること。
　　②既存の隣接諸科学（社会学、心理学、法律学など）を排除するのではなく、家族研究の基本的概念を共有し、成果を相互に交換すること。

③家政学的研究にするためにも、家庭生活における物的諸条件との関連を究明し、家庭経済、管理、住居、食物、被服の諸科学と密接に結合すること。
④研究対象を無限定に拡散するのではなく、日本現代家族の家族関係に対象の主体を置くことによって、具体的な家庭生活へ資するという目的を図ること。

　以上4点の中で①と②はこれまでの社会学と同様な研究方法、研究姿勢であると考えられるが、③が示す方向性は、家政学における家族関係学の独自性に触れたものと思われる。さらに、④は家政学の特色の1つである実践応用性を強調したものであるといえるだろう。
　そして、家族関係学はあくまで庶民的な家族の一般生活を扱うべきであること、貧困・欠損・葛藤等、病理的な家族関係にも大きな注意を払う必要があるとした。

注1）「私の家族はこのメンバーである」という家族の認識をファミリー・アイデンティティという。家族を主観的にみた定義づけの視点であるが、その人の家族歴や生活歴などと強く関わり形成される。ファミリー・アイデンティティは時代や性別、社会の状況などで変化し、上野千鶴子ら［1991］の調査研究において、同じ家族内の成員においてもファミリー・アイデンティティが一致しない場合がみられることが報告された。
注2）グードの引用は以下の通りである。「（家族に関する）課題の追究には多くの困難をともなうが、最大の困難の一つが、じつはわれわれ自身のなかに存在しているのである。われわれは家族に関してあまりにも多くのことを知っているために、それを客観的かつ気楽に研究することができない。いろいろな家族の行動によって、われわれのもつ感情がすぐに呼び起こされてしまうからである。われわれ自身のものと違った家族形態は、奇妙で不適当であると感じやすい。冷静に現実の姿を実証するよりも、むしろ何が正しいかについてすぐ議論しがちになる。」（W.J.Goode "The Family" 1964. p.3）
注3）家族の定義設定の必要性の是非について、槇石多希子［1998］は、「いかなる家族研究も、家族の本質論規定を持たないでは十分な理論的成果をあげえないことは明らか」とする定義必要論と、もう1つは「家族の多様性の研究を阻んできたのはこの『本質論的規定』ではないかと疑ってみる必要がある」とする定義懐疑論の2つがあるとしている。
注4）この定義は、夫婦関係を基礎とした親子、きょうだい関係といった異性・異世代の成員が中核となって構成されている集団であること、愛や憎しみなど感情的に深い関わり合いをもつ成員結合であること、生殖、経済、教育など多面的な機能はすべて家族員の福祉実現へと方向づけられること、福祉追求において職場、地域社会、市町村、国などあらゆる社会集団の中で家族は第1次的な重要性を持つこと、等の意味を含んでいる。

注5) 社会学とは社会科学の一分野であるが、石川晃弘［1978］によれば、学的特徴として、社会全体を総合的にとらえること、その中に生きる人と人との関係をとらえること、生きた人間の営みをとらえること、が挙げられる。経済学、法学、政治学など他の社会科学が客観的な社会現象を扱うのと違い、社会学においてはその社会に生きる人間の生の営みに焦点を置き、そこから生み出される社会現象をみようとする学問であるといえる。生きる人間を主体に考える家政学の視点との共通点が多いといえる。

◎参考文献

石川晃弘「社会学はどういう学問か」秋元律郎・石川晃弘・羽田新・袖井孝子『社会学入門』有斐閣新書、1978 年
今西錦司『人間以前の社会』岩波新書、1951 年
今西錦司『人間社会の形成』NHK ブックス、1966 年
上野千鶴子・鶴見俊輔・中井久夫他編『家族の社会史』岩波書店、1991 年
Kazuko Sumida : Collected Works Of ELLEN H. SWALLOW RICHARDS 1, 別冊解説：住田和子『エレン・リチャーズの人と思想―生涯と著作』、Synapse、2007 年
金田一春彦『現代新国語辞典 改訂第三版』学習研究社、2002 年
佐藤真弓「家政学がみる家族」お茶の水ヒューマンライフシステム研究会『家族と生活―これからの時代を生きる人へ』創成社、2013 年
社会科学辞典編集委員会編『社会科学総合辞典』新日本出版社、1992 年
庄司洋子・木下康仁・武川正吾・藤村正之編『福祉社会事典』弘文堂、1999 年
杉浦健一『人類学』同文館、1951 年
住田和子「家庭、家政を考える」日本家政学会編『家政学原論』朝倉書店、1990 年
住田和子・有馬澄子『生活学・生活経営』建帛社、1994 年
竹内昭夫他『新法律学辞典 第 3 版』有斐閣、1989 年
戸田貞三『家族構成』弘文堂書房、1937 年
戸田貞三『新版 家族構成』新泉社、1970 年
富田守・松岡明子『家政学原論』朝倉書店、2001 年
新村出『広辞苑 第二版補訂版』岩波書店、1976 年
日本家政学会編『新版 家政学事典』朝倉書店、2004 年
日本家政学会編『家政学用語辞典』朝倉書店、1993 年
槇石多希子「家族とは何か」槇石多希子・水島かな江・赤星礼子・久保桂子・佐藤宏子『変化する社会と家族』建帛社、1998 年
森岡清美「家族のとらえ方」山根常男・森岡清美・本間康平・竹内郁郎・高橋勇悦・天野郁夫編『テキストブック社会学(2) 家族』有斐閣ブックス、1977 年
森岡清美・望月嵩『新しい家族社会学』培風館、1983 年
山根常男「家族という言葉の多義性」山根常男・玉井美知子・石川雅信編『わかりやすい家族関係学―21 世紀の家族を考える』ミネルヴァ書房、1996 年
湯沢雍彦『お茶の水女子大学家政学講座第 15 巻 家族関係学』光生館、1969 年
湯沢雍彦『新しい家族学』光生館、1987 年
横田明子「家族について」水野悌一・富田守編『人間と生活』(講座人間生活学1) 垣内出版、1988 年
葭田光三『自然と文化の人類学』八千代出版、2003 年
渡辺直経編『人類学用語事典』雄山閣、1997 年
和田攻・南裕子・小峰光博他編『看護大事典 第2版』医学書院、2010 年

第5章

家族の起源と成立

第1節　化石の証拠からみる家族の起源の推測

　人類の祖先は、哺乳類の中でも樹上生活に適応したグループの霊長類がさらに進化を遂げ、約700万年前に誕生した。その後500万年間の「猿人」段階を経て、約200万年前に「原人」段階に到達した。原人は以後百数十万年続き、約60万年前「旧人」になった。そして約20万年前、人類は「新人」である「ホモ・サピエンス（ヒト）」に進化した［富田守、2012］。人類とその他の動物の大きな差異は、人類は直立二足歩行をすることである。

　家族の存在を予測させる興味深い化石の証拠がある。アフリカ・タンザニアのラエトリ遺跡で発見された360万年前の足跡の化石である。この化石は身体の大きさが異なる2、3人が直立二足歩行をしており、アファール猿人（アウストラロピテクス・アファレンシス）のものと思われる。子どもと手をつないで一緒に歩く父親、そのうしろを身重の母親（？）が歩いている様子、それは家族が存在したことをイメージさせるものであろう。

　イラク北部・シャニダール洞窟の化石の証拠もある。これは約3万5千年前〜4万年前に絶滅したネアンデルタール人（ホモ・ネアンデルターレンシス：旧人）の骨格遺物である。発掘調査に携わったアメリカの人類学者ラルフ・S・ソレッキは『"Shanidar, The first flower people"（花を愛でた最初の人間）』(1971) を著した。それによれば、墓の周辺に遺体とともに何種類ものきれいな色の花を咲かせる花粉の化石が見つかったことから、死者を弔い、花を手向ける埋葬の習慣があったことがわかったのである。さらに、生前に右腕を切断していながら以後の生活を続けた人骨も見つかっており、身体障害者扶助の証拠とされている。

　このように旧人段階においては、死者への畏敬の念、自己への関心など人間の観念活動の芽生えがあり、相互扶助などの高度な生活水準にあったことが予

想されるのである。すなわちこの頃には当然同族意識、家族や親族についての意識もあり、家族も親族も存在したであろうと推測されるのである。

第2節　19〜20世紀の西欧における家族論

　イギリスの生物学者ダーウィン『種の起源』(1859) 以後、その生物進化論の影響を強く受けた家族論が出された。それは、古代の人類は乱婚であり、その後発展進化を遂げ、一夫一婦婚に至るというものであった。スイスのバッハオーフェン『母権論』(1861)、アメリカのモルガン『古代社会』(1877) がそれである。
　バッハオーフェンは、婚姻形態を娼婦制（乱交制）→女人政治制→父権制（一夫一婦、排他的婚姻）と発展するとし、第1、2段階に母権制を認めた。
　モルガンは、原始乱婚を経たのちに家族が生まれ、血族婚家族（兄弟姉妹による集団結婚）→半血族婚家族（プナルア家族。どちらか一方が兄弟姉妹である集団婚）→対偶婚家族（一夫一婦制だが独占的同棲を伴わず持続性安定性に欠ける）→家父長制家族（1人の男と数人の妻、妻らは隔離）→一夫一婦制家族（男女一対、独占的同棲）と段階的に発展するとした。
　ドイツの社会主義者・唯物論者のエンゲルスは『家族・私有財産および国家の起源』(1884) においてモルガンの説を支持した。原始時代の無規律性交（乱婚）を経て、血族家族→プナルア家族→対偶婚家族→一夫一妻制家族と発展するとした。エンゲルスはその根拠を次のように考えた。原始社会では、男性が婿入りを行う妻方居住の婚姻形態であったことや、共産主義的世帯では女性に委ねられていた家政は公的で社会的に必要な産業であったことから、女性の地位は高かった。その後、私有財産への移行は対偶婚の一夫一妻制への移行と並行して行われ、個別家族が社会の経済単位となった。そこでは家長（男）のみが社会的生産をし、妻は私的奉仕・私的労役、家内奴隷制の上に基礎づけられ女性の抑圧へとつながったと考えたのである。
　20世紀に入る頃には、原始単婚説が登場し、原始乱交・集団婚説は否定されることになった。フィンランドのウェスターマークは『人類婚姻史』(1891) を著し、人類は原始の時代から一夫一婦制の家族形態を有し、全ての民族に普遍的にみられるとした。この説を継承したイギリスのマリノフスキーは、人類社会に個別的家族（男女それぞれが個別的に婚姻契約を結ぶ一夫一婦制家族）はつねに存在し、婚姻の「範型」であり「原型」であるとした。一妻多夫、一

夫多妻のような複婚も個別的婚姻の複合的な形態であると考えた。

　アメリカの人類学者マードックは、1949年『社会構造（Social Structure）』を著し、一夫一婦という家族の形態を「核家族」という言葉で表した。核家族は、一組の夫婦と未婚の子どもが同一に居住し、人類社会を支える4つの機能、性、経済、生殖、教育の全てを持っているとした。核家族は双系的であり、感情的一体性や紐帯に基づき、人類にとって最も古く普遍的な社会単位であるとした。

　アメリカの社会学者パーソンズ [1981] は、核家族の普遍性を支持しながらも、現代のような高度に分化した工業社会においては、"核家族の孤立化"がもたらされるとした。核家族の双系的（男女別系からなり、誰にも頼らない、自分たちの足で立つ）特質により、夫婦のいずれの養育家族（生まれた家族）から分離独立した住居に住み、かつ、経済的にも独立している（夫－父の職業上の収入で生計を維持）ためである。また、例えば生殖そのものはもはや家族組織は必要としない、など、家族機能は縮小喪失、外部化、社会化が進むが、これ以上減らすことのできない家族の基本的機能は、子どもの社会化[注1]と大人のパーソナリティ安定の2つであるとした。

第3節　日本における霊長類学的アプローチ

　人間社会の由来を、霊長類学の立場から考察しようとした人々がいる。山極寿一 [2012] によれば、霊長類学は、西欧のキリスト教思想（人間と動物の間に明確な境界を設ける）とは異なり、日本では人間がほかの動物と祖先を共有するという考えが受け入れられやすかったこと、ニホンザルという土着の霊長類が生息していることもあり、世界に先駆けて日本において開始されたという。

　今西錦司は『人間以前の社会』[1951] を著し、昆虫（高度な分業生活を営むアリやハチなど社会性昆虫）に家族（萌芽的段階）が現れる過程、鳥類や哺乳類（特にサル）の社会に人間と同質の家族が現れる過程を論じた。親と子が集中して生活するところに家族生活が発生、子が一人前になれば親のもとを離れ家族生活は解消され、群れ生活となるとした。佐倉朔 [2013] は今西は社会のなかでの家族の役割、動物界において人間の家族がいかなる系統関係をもって進化してきたかを解明しようとしたのではと推測している。

　伊谷純一郎 [1972] はアフリカ類人猿を含む霊長類を調査し人間の家族集団

への応用を試みた。集団内のオトナの雌雄の個体数の組み合わせをもとに、ペア型（pair type：単雄単雌から成る型）とトループ型（troop type［群れ型］：単雄複雌型、単雌複雄型、複雌複雄型）の2つに大別した。また、オランウータンだけはその型のどれにも入らず、ソリタリー型[注2]（solitary：孤独、単独行動）であるとした。伊谷は、家族はヒトに独特なものとし、そのような霊長類の生活集団の構造を「社会構造」と呼んだ。

　それに対し、佐倉朔［2013］は異を唱えた。伊谷の分類した型に用いられた雌雄は、構成個体数は多様であっても互いに配偶関係があるか、または配偶関係をもつ可能性のある個体であると考えられ、またそれらのオトナ雌雄を親とする子どもが生まれれば、少なくとも未成熟の期間は当然同じ集団に含まれるであろうとし、このような生活集団構造は「社会構造」ではなく「家族構造」と呼ぶべきではないかと考えたのである。さらに、それまでの霊長類の生態学的研究においてその集団構造をさして「社会」という用語が多用されていることに対しても、その主要な部分に対してはもっと端的に「家族」と呼ぶことができるとした。そして、家族の概念は動物界へも拡張できるとし、人類の祖先が誕生した時には、当然家族をもっていたはずであり、ヒトの家族はヒトになって進化してできたものではなく、霊長類からひきずっているものと結論づけた。

　佐倉朔［2013］の家族論をもう少しみてみよう。佐倉は「家族」の概念について、従来の誤りの多い理論や学説を検証し直し、生物学・人類学の基礎の上にたつ新しい家族学を発展させていくべきであるとしたうえで、家族に関する基本的事項として、次の4つを挙げている。

①恒常的であること
　雌が性周期をもち、年間を通じて発情するように進化したため、雌雄の結びつきが長期にわたり持続、毎年解体することがない。

②ペア型家族、単婚、一夫一妻制であること
　洞窟（どうくつ）という空間的に限局された住居に定住する習性がペア型家族の決め手となっている、逆に遊動生活を送る種はペア型の家族構成をもつことはほとんどあり得ない。

③洞窟を住居とした定住生活
　猿人段階の数百万年前から洞窟が長期間の定住に使用されたはず。

④家族による教育
　最も高等な行動である学習能力と知能の発現には十分な教育が必要だが、恒常的な家族の形態、成長期間の延長と相まって、教育の場を提供した。

以上のことより、人類の家族はとても古いものであり、猿人段階からすでに存在し、家族なくして人類の進化はあり得なかったと考えられるのである。
　また、佐倉は人類の特徴[注3]として、以下を挙げている。

・直立二足歩行
・精神能力が高いこと
・一側優位性（大脳半球の一側優位性）利き手があること
・無毛性

　佐倉の家族論は、特に定住の場を洞窟に限定した点が批判されるものであるが、動物や初期人類にも家族の存在を認め、家族内での教育があったために知能が発達し人類が進化したとする、家族の重要性を指摘したものとして評価されるだろう。
　松村秋芳[2013]は、霊長類の集団の特徴を人類家族と比較した。チンパンジーのメスは集団を出てほかの集団で出産する。複雄複雌でオスはメスを占有しない。ゴリラは一夫多妻で長期間配偶関係をもち、子が1、2歳頃になるとオスが子育てをする。異なる世代の異性が性交渉をもたない、父親と息子が別々の配偶者をもつ、母親と娘が同じ相手と繁殖生活を営まないという特徴がある。オランウータンは広い遊動域をもち、メスのもとにオスが出入りする通い婚で、オスはメスを占有しない。テナガザルは一夫一妻制のペア型小集団で定住し子育てする。以上のように、霊長類の小集団の形成のパターンは多様だが、その中に人類家族との類似点をみることができるとした。霊長類の家族について「一夫一婦制」や「一夫多妻」など社会学的表現を用いたところがユニークであり、家族をとらえる場合には学際的研究が不可欠であると考えられる。
　山極寿一は『家族進化論』[2012]の中で、ゴリラやチンパンジーなどの霊長類の集団の論理は互酬性[注4]であるとした。しかも、それは血縁関係にあるものに限られる。一方、人間の家族や親族では「見返り」を求めない向社会性（奉仕、自己犠牲などの行為も含む）であるとした。この人間らしい精神、規範は人類が初期のころから「共食[注5]」および「共同子育て[注6]」をすることによって生まれたと考えた。
　そして山極は人類の家族は、母子に限定されていた子育てに父親が参入し、食物の分配を通じて形成され、人間は共感や同情、助け合いの意識、利他的行動の能力を高め、家族を強固にしていったとした。また、類人猿のコミュニケ

ーションの研究が進み、言葉によるコミュニケーションよりも、共食、身振りや歌、踊りなどを通じたコミュニケーションの方が共感、信頼、安心を高めることがわかったという。今日、家族の崩壊の危機に見舞われているのは、人間自身や生活様式、社会が変わったからではなく、コミュニケーションの技術（対面から遠隔操作可能なコミュニケーションへ）が変わったからではないかと、山極は考える。ただ一緒にいる、顔を合わせて微笑む、子どもだったら抱っこする、家族で食事をするだけで、メールや電話の言葉よりもっと大きい安心感を得ることができるというわけである。

今のわたしたちをつくりあげてきたのは、見返りを求めず自己犠牲を払って育ててくれた人類の家族の存在があったことをかみしめて、家族の意味をもう一度考えてみることは大切であろう。

第4節　家族が成立する条件

今西錦司 [1961] は、人間家族が成立するための必須要件として、以下の4つを挙げた。

①**インセスト・タブー**（近親相姦の禁忌）
②**外婚制**
　（特定の集団の成員がその集団内の成員と結婚することを禁止する）
③**コミュニティ**
　（家族は単独では存在せず家族を取り巻く共同体、地域社会があること）
④**配偶者間の分業**[注7]

このうち、④の分業が最も人間らしいものとし、①②③はすでに類人猿の社会に備わっているとした。

今西は、ニホンザルの調査から、若オスが「周辺落ち」「群れ落ち」し他の群れへ婿入りする（外婚）ことで、その母とのインセストの回避と、婿入りした群れの父娘のインセスト回避を説明した。婿入りによって群れ同士が交流を深め、群れと群れ同士がコミュニティを形成すると考えたのである。

インセスト・タブー（近親相姦の禁忌）については、その存在理由や起源、機能には諸説がある。望月嵩 [1977] は、以下のように3説に分類し説明した。

1. 「生物学説」
   遺伝的弊害を避け種族を維持するためにある。
2. 「心理学説・本能説」(2つの立場あり)
   その1：人間は本能的にインセストを忌み嫌う。
      (ウェスターマークの説：家族集団の中で幼児期から絶えず一緒に育った者の間では性的感情がなくなる)
   その2：人間にはもともと強いインセスト願望がある。
      (フロイトの説：エディプスコンプレックスの例)
3. 「社会説」
   より広い親族組織の維持・発展を求め、社会的協力を確保するために生じた。

3の「社会説」について補足しよう。フランスの社会人類学者レヴィ＝ストロースは、インセスト・タブーに関して新しい解釈をした。女を「交換」のできる「記号」ととらえ、記号が交換されることにより、家族よりも広く、かつ大きい集団のうちの通達が可能となり、親族が成立するとした［泉、1980］。つまり、近親相姦の禁止により、女は自分の兄弟・親族（与え手）とは結婚できず嫁に出される、夫の親族（もらい手）がその女を嫁として迎え入れることになる。これがいわゆる外婚である。こうして女の交換は両親族の互酬性となり、与え手ともらい手の相互の絆を深め、親族組織の発展につながると考えたのである。

さらに、家族の成立に必要な条件として「社会学的父（pater）」も挙げられよう。人間の場合は「生物学的父（genitor）」と一致する必要はなく、初期人類の社会でも、女が特定の男を子の父親と認知することによって確立したと思われる［山極、2012］。父が子育てに参入、父性を発達させることにより、「向社会的」な行動が広がり、共感力を発達させ、家族や社会をつくっていったのである。マリノフスキーは、社会学的父をもつ子だけが社会によって嫡出子として認められる（嫡出の原理）とした。現代社会における嫡出制は、子どもの父親を社会が認知することにより、父子関係を確定し、家族の安定、社会の秩序に貢献するものとしてとらえられている。

注1）子どもの社会化は、子どもが真に自分の生まれついた社会のメンバーになれるよう行われる。人間のパーソナリティ（生涯を通じて変わらない人間性の基礎となるもの）は「生まれる」ものではなく、社会的過程を経て「つくられ」なければならないものであるから、そこにこそ家族の機能があるとパーソンズは考えた。子どもにとって家族は人間の基礎的パーソナリティの形成にきわめて重要であるとし「家族は人間のパーソナリティをつくりだす工場である」とした。

注2）佐倉朔［2013］は、当時京都大学霊長類研究所教授だった河合雅雄の談話を紹介している。河合の調査によれば、1頭のオランウータンの雄は密林の中に径約2kmの遊動域を持ち、その中に数頭のメスがそれぞれ1頭ずつの居住域を持って生活している。雄は雌を1頭ずつ順番に訪問し、互いに配偶者と認識している、よってソリタリー型ではなく、単雄複雌型の時空を分けた変形とみられる。

注3）佐倉朔［1983］は他の霊長類と異なるヒトの特性として、その他に「歯の形とエナメル質の厚さ」、例えば類人猿と比較して前歯が小さく、犬歯が突出していない。犬歯と隣接する歯（上顎では側切歯、下顎では第1臼歯）との歯の隙間がないこと、「本能の衰退」（コミュニケーションの時の眉上げ行動は残る）を挙げている。

注4）互酬的な行動とは、安全と食物確保のため、他者と共感することによって親切な行動を示すことでお返しや報酬が期待されて利益が得られる結果につながるような行動を指す。

注5）チンパンジーは要求されない限り自ら食料を分配することはないが、人間は採った食べ物を家族や仲間のところに持ち帰って分配して一緒に食べる。すなわち共食が人類を特徴づけたといえる。（第1章第3節〈人はなぜ食べるのか〉参照）

注6）母という生物学的存在と、それに父という社会的存在が加わって家族が生まれる。父は世話や遊びを通して子どもと仲良くなり父性を発現させていく。脳容積が発達し頭部が大きくなったことによる難産、生理的早産により子の成長が遅いことと、離乳をしなければ出産できないことが共同子育てを必要としたと考えられる。初期人類の社会にはすでに社会的父性が備わっていた。

注7）今西錦司［1961］は「初期の人類は、男が草原（オープンランド）に出て狩猟している間に、森林（本拠地）に残った女は植物性の食物を集める。そして両方の収穫を宿営地に持ち寄る→分散した家族が集中し、バンドが形成→バンド内の家族の相互関係が緊密化する」としている。

◎参考文献

泉靖一編『マリノフスキー／レヴィ＝ストロース』（世界の名著71）中央公論社、1980年
伊谷純一郎『霊長類の社会構造　生態学講座20』共立出版、1972年
今西錦司『人間以前の社会』岩波新書、1951年
今西錦司「人間家族の起源―プライマトロジーの立場から」民族学研究、Vol.25 No.3、pp.119-138、1961年
今西錦司『人間社会の形成』NHKブックス、1966年
江守五夫『結婚の起源と歴史』社会思想社、1965年
江守五夫『家族の起源（増補版）―エンゲルス『家族、私有財産および国家の起源』と現代民族学』九州大学出版会、2004年
佐倉朔「ヒトの特性」近藤四郎編『進化』雄山閣、1983年
佐倉朔「家族の概念と定義―人間界から動物界への拡張」お茶の水ヒューマンライフシステム研究会編『家族と生活―これからの時代を生きる人へ』創成社、2013年
ラルフ.S.ソレッキ著、香原志勢・松井倫子共訳『シャニダール洞窟の謎』蒼樹書房、1977年
富田守・真家和生・平井直樹『生理人類学（第2版訂正版）―自然史からみたヒトの身体のはたらき』朝倉書店、2005年
富田守・真家和生・針原伸二『学んでみると自然人類学はおもしろい』ペレ出版、2012年
T.パーソンズ・R.F.ベールズ著、橋爪貞雄・溝口謙三・高木正太郎・武藤孝典・山村賢明訳『家族』黎明書房、1981年
G.P.マードック著、内藤莞爾監訳『社会構造―核家族の社会人類学』新泉社、1978年
槇石多希子「家族とは何か」槇石多希子・水島かな江・赤星礼子・久保桂子・佐藤宏子『変化する社会と家族』建帛社、1998年
松村秋芳「霊長類の集団からみた人類家族の特徴」お茶の水ヒューマンライフシステム研究会編『家族と生活―これからの時代を生きる人へ』創成社、2013年
望月嵩「配偶者の選択」「婚約から結婚へ」山根常男・森岡清美・本間康平・竹内郁郎・高橋勇悦・天野郁夫編『テキストブック社会学（2）家族』有斐閣ブックス、1977年
L.H.モルガン著、荒畑寒村訳『古代社会』角川書店、1971年
山極寿一『家族の起源―父性の登場』東京大学出版会、1994年
山極寿一『家族進化論』東京大学出版会、2012年
湯沢雍彦『新しい家族学』光生館、1987年

家族の基本的概念

第1節　家族に関連する用語

ここでは、家族および家族に関連する用語の確認をする。まず、集団としての家族を分類すると一般的には次のようになる。

核家族（nuclear family）
一組の夫婦と未婚の子からなる家族であり、世界的に最も多くみられる基本的な形態である。現実の分類としては、一組の夫婦と未婚の子からなるもの、一組の夫婦のみからなるもの、どちらか1人の親と未婚の子からなるもの、すべてを含むと考えられる。

拡大家族（extended family）
核家族の複合型で2種類ある。核家族が親子関係を中心としてタテに連なったもの、すなわち、親夫婦と結婚した1人の子どもの核家族が世代をこえて連続しているもので、各世代に一組の夫婦がいる家族形態を直系家族（stem family）という。韓国や日本においてよくみられる。また、きょうだい関係を中心としてヨコに連なったものを合同家族（joint family）という。既婚きょうだいが一般的だが、それが異世代間（親世代あるいは子世代）に広がる場合もある。

複婚家族（polygamous family）
核家族が配偶者の一方を中心としてヨコに連なった複合型である。一夫多妻（polygyny）、一妻多夫（polyandry）、集団婚（group marriage）がこれに該当する。

以上の3分類が、核家族を1つの単位としてその組み合わせにより分類した家族形態である。
また、複婚家族は特定の国や地域にしかみられず極めて少数なこともあり、

家族構成に着目し、より現実に即した次のような3分類が用いられることも多い。

夫婦家族（conjugal family）
夫婦と未婚の子からなる。核家族と同じ。

直系家族（stem family）
夫婦と結婚した1人の子とその配偶者、子からなる。2つの核家族が世代的に結合した形態。拡大家族の直系家族と同じ。

複合家族（joint family）
夫婦と結婚した2人以上の子と彼らの配偶者、子からなる。複数の核家族が世代的および横断的に結合した形態。

その他、家族とよく似た概念をもつ言葉の意味を確認する。

世帯
世帯とは、日本経済事典には「経済学的にみた家族で、統計上の生活の単位を示す用語。家計と住居と同一にする者の集まり。住居に1人で住み家計を成立させている場合も含める。」とある。英語ではhouseholdである。現実の生活において家族は、複雑多岐にわたり、外見からは特定できないことが多いため、国勢調査をはじめとする各種調査や住民票の処理等、生活体としての家族単位を明確にする必要がある場合には、世帯が家族に代わる概念として用いられる。

同居人、使用人など非家族員でも同居して日常的に食事を共にするような場合は「同一世帯」に含める。世帯と家族の範疇（はんちゅう）の関係を示したものが、**図表6-1**である。また、よく似た言葉に「所帯[注1]」がある。

図表6-1　世帯と家族

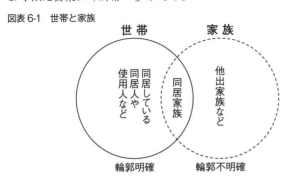

[出典]青井和夫、1974、p.12

国勢調査における「世帯」は1920（大正9）年以降「普通世帯」と「準世帯」に区分してきたが、1980年以降は「一般世帯（単独世帯含む）」と「施設等の世帯」と区分されるようになっている。

親族

法律では「6親等内の血族、配偶者、3親等内の姻族」（民法725条）を指すが、その範囲は広く、実際には存在し得ないものも含むこともある。よって、日常生活で問題とされる親族は、同族（相互に系譜の本末を認知しあう本家・分家の家連合）と、姻戚（結婚によって結ばれた両家族の関係）とからなる「親類[注2]」を指すことが多く、その範囲は現実の生活連関の程度と当該社会の規範によって決まることになる［湯沢雍彦、1969］。

戸籍

個人の家族の身分関係を記載する公簿であり、戸籍制度は戸籍法が規定している。相続、納税、年金、婚姻、福祉、旅券の手続きを迅速かつ確実に行うために用いられる。戸籍は市町村の区域内に本籍を定める夫婦、およびこれと氏を同じくする子ごとに編成される。夫婦同籍、親子同氏同籍、三世代同一戸籍禁止の3原則がある。

第2節　理念型と現実形態

核家族は、親と子という2つの世代を含む。親を中心として核家族をみる場合と、子を中心として核家族をみる場合とで、2つの核家族が現れる。

1つは、親の世代からみれば核家族は夫・妻・子という構成をとり、自分たちが結婚し、子を産み育てる家族であることから、生む家族、生殖家族（family of procreation）、結婚家族（family of marriage）と呼ばれる核家族である。自己の意思により、いつ、誰と結婚するか、子どもはどうするか、どういう家族を作るか、などを選択できる家族である。

一方で、子の世代からみれば核家族は父・母・きょうだいという構成をとり、社会的に位置づけられる家族であるため、生まれた家族、定位家族/出生家族（family of orientation）と呼ぶ。自分の家族への帰属は運命的なものであり選択の余地はないといえる。

自分（あるいは配偶者）の親、すなわち定位家族との住まい方を居住規制（rule of residence）といい、次のような4つの類型がある。

①夫方の定位家族と同居を原則とする──父方居住制
②妻方の定位家族と同居を原則とする──母方居住制
③夫妻どちらの定位家族とも同居しないことを原則とする──新居制
④夫婦双方の定位家族と同時に同居することを原則とする──現実にはまず存在しない

　家族は、法律や慣習によって是認され、その社会の安定化や存続に寄与する社会制度でもあるという側面をもつが、このような家族を制度としての家族、家族の理念型、あるべき家族、などの言葉で表すことができる。その社会において望ましいとされ、権力をもつものがその社会の秩序を維持していくために、一般民衆に押し付けた規則ともいえる［袖井孝子、1978］。
　居住規制は自分の子の核家族（生殖家族）との居住関係からみることもできるが、その場合は以下の３類型とされる。

①どの子の生殖家族とも原則として同居しない──新居制
②原則として１人の子の生殖家族とだけ同居する
③同居する子の生殖家族を原則として１人の子に限らない

　この居住規制をもとに、主に財産の継承を基準にして類型化された家族制度が一般的であるが、それは次のような３類型となる。

1. 夫婦家族制（conjugal family system）
　どの子の生殖家族とも同居しないことを原則とする家族である。夫婦の結婚によって成立し、その夫婦の死亡によって消滅する一代限りの家族である。親の生殖家族と子の生殖家族は、それぞれ別の生活単位を形成し、お互い対等である。

2. 直系家族制（stem family system）
　親は１人の子の生殖家族とだけ同居することを原則とする。その子は跡つぎで長男であることが多いが、娘や末子の場合もある。親の社会的地位や遺産、祭祀等は跡つぎによって独占的に継承される。戦前の日本における「家」はその典型である。森岡清美［1977］によればこの制度をもつ家族は小農が圧倒的に多い国々、フランス、ドイツ、アイルランド[注3]、北イタリア、北スペインなヨーロッパ諸国、日本、フィリピンなどの農村に広く存在する。

3. 複合家族制（joint family system）
　２人以上の子の生殖家族と同居することを原則とする。親と同居する既婚

子は男子に限られることが多い。親の遺産を共同相続、父が死亡すれば子らは遺産を均分相続し、それぞれの生殖家族に分裂する。森岡清美［1977］によれば、この制度をもつ家族はインドの高級カーストの合同家族[注4]、中国貴紳階級の家父長的家族[注5]、中東アラブ諸国の大家族[注6]、バルカン半島僻地のザドルガ[注7]などにみられる。

　このように類型される理念型家族と、夫婦家族、直系家族、複合家族の分類のように現実に存在する家族形態（「現実の家族」「家族の現実型」「ある家族」などの言葉であらわされる）とは、一致するものではなく、ズレが生じることは多い。

　湯沢雍彦［1969］は、1920（大正9）年当時、制度としては旧民法の理念のもと直系家族制がしかれていたにもかかわらず、全世帯数における核家族的世帯（夫婦のみ、夫婦＋子、父親＋子、母親＋子）は、54.3％であるのに対し、直系家族的世帯（祖父母＋夫婦＋子、片祖父母＋夫婦＋子、その他の三世代世帯、四世代以上の親族世帯）は約31％しかなかったと推算[注8]している。

　直系家族でも親が死ねば夫婦家族になったり、一時的にきょうだいの家族を引き取って複合家族になったりすることもあるであろう。また、一夫多妻制をとる国々においても、その形態は一部の富裕層にみられるだけで現実には核家族・夫婦家族が半数以上である。家族の形態は実際に生活する人々の生活の営み、様相をあらわすものと考えられ、制度とは異なる。

第3節　家族のはたらき

　ここでは家族の機能的役割について諸説をみてみよう。

　第5章第2節において、核家族とは人類社会を支える4つの機能、性、経済、生殖、教育全てをもつとしたこと（マードック）、また家族の本質的機能とは子どもの社会化と大人のパーソナリティ安定にあるとしたこと（パーソンズ）を述べた。

　青井和夫［1974］は、家族における労働力の再生産と人間性の回復、種の再生産と子の養育に着目し、家族の機能は「人間の再生産」にあるとした。

　森岡清美［1983］は、家族の基底機能は家族員の「福祉追求」にあり、そこから個別機能（生殖、経済、保護、教育、保健、愛情等）が発現すると考えた。

　また、家族は社会の中の一単位として位置づけられるため、社会に対する機

能とその家族員としての個人に対する機能という2側面をもつと考えられる。

山根常男［1963］は、次の5つを伝統的家族の機能として挙げ、それぞれについて個人に対する機能、社会に対する機能を整理した。

①**性的制度**
　【個人に対する機能】性的充足
　【社会に対する機能】性的統制による社会秩序の安定と維持

②**生殖的機関**
　【個人に対する機能】子孫を持ちたいとの欲求を充足
　【社会に対する機能】新しい社会成員の補充（種の再生産）

③**経済的単位**
　【個人に対する機能】
　・生産単位として雇用の充足、収入の獲得
　・消費単位として基本的文化的欲求の充足、労働に参加しない依存者を扶養
　【社会に対する機能】
　・生産単位として社会的分業への参加
　・消費単位として生活維持の責任を家族が負うことにより、社会全体の経済的秩序が維持

④**第一次的集団**（親密な顔と顔を突き合わせた結びつきと協力を特徴とし子どもの教育的機能がある）
　【個人に対する機能】子どもの社会化
　【社会に対する機能】社会化された人間を送り出し、社会秩序の維持、文化の伝達に貢献する

⑤**家庭**（家族員相互のコミュニケーションの場）
　【個人に対する機能】個人の情緒的安定
　【社会に対する機能】社会の安定化

山根はその後、「キブツ注9」の調査から、家族は生産単位でも消費単位でもないことが明らかになったため、③の経済的単位としての家族機能は、本質的ではないと修正した。さらに山根［1996］は、「家族は人間性の砦（人格形成の基盤、人間をして人間たらしめるもの）であると同時にプライバシーの砦（家族は社会に対して適応的であるとともに批判的でなくてはならない）である」とし、家族の基本的機能は、子どもの人格形成、大人のプライバシーの2つであるとした。

注1)「下宿、寄宿や親がかりではなく、独立生計の下に住居をもつこと、また、そこで営まれる生活」(新明解国語辞典第6版、2004年)
注2) 血縁ないしは結婚を通じて発生するつきあいの範囲であって、かならずしも法律上の血族や姻族に限定されない［青井和夫、1974］。親類のやや改まった表現が「親戚」である。
注3) アイルランド農村では家長である父がなかなか家督を譲らず、息子たちは長男を含め壮年になっても結婚できない。息子たちは家のために働き、得た賃金を父に渡した。長男が家督を継いでも、次男、三男は長男が許可したときにのみ結婚できた。結婚する次男、三男は土地（耕地）を分譲しなくてはいけなかった［蒩田光三、2013］。
注4) インド・ケララ州のナムブドリ・ブラーマンの家族は、父系につながる男子成員を中心にした家族である。長男のみが正式な結婚をし、次男、三男は一生独身でカーストの職業である宗教に従事した。実際は独身の男はナヤールの女たちと愛人関係（結婚ではない）をもった。広大な土地、伝統的、経済的、政治的に大きな力をもっていた。長男は3人まで妻をもつことを許され、長男の子しか子孫はできないので、他の大家族のように膨張・分裂は避けられた。ナヤールはナムブドリよりも下位カーストであり、血縁で結ばれた母系大家族である［中根千枝、1970］。
注5) 各人の勤労の所産をすべて全員のため単一共同の会計・家計にいれる、同居の各人の生活に必要な消費は全面的に共同の会計によってまかなわれる、生産消費のため全面にわたる共同の会計から生じる余剰は家族のための共同の資産とする"同居同財"を理念とした［中根千枝、1970］。
注6) 裕福で大きな土地所有者に多く、父の生存中は息子たちも結婚後も生活を共にした。大家族で財産、経済、居住を共にし、家長の統率のもとに農業や商業に従事した。成人した息子たちの労働力が重要な手段となった［中根千枝、1970］。
注7) かまどを共にする生活共同体としての大家族。10～30人家族で、中には80人以上、100人以上の家族もあった。父母とその息子たちで構成される父系血縁集団で、成員が共同で土地を経営、農業や牧畜の多角経営を行った。父、または長男が家長であった［中根千枝、1970］。
注8) 戸田貞三による、第1回国勢調査（大正9年）をもとにした調査結果から推算している。戸田貞三は『家族構成』(1937)において、家族（世帯）ごとの世帯主を中心として、それとの続き柄関係により各家族員を類別し、いかなる種類の近親者がいかなる割合において各家族中に包容せられているか分析を行った。
注9)「キブツ」とは、イスラエルにある農村の1つの型で、生産・労働、消費生活の大部分、子どもの養護・教育をも集団化して行う。一夫一妻だが、親と子は食住を別にし、家族は経済単位を成していない、などの特徴がある［山根常男、1996］。

◎参考文献

青井和夫『家族とは何か』講談社、1974年

赤星礼子「家族に関わる基礎的概念と諸相」槙石多希子・水島かな江・赤星礼子・久保桂子・佐藤宏子『変化する社会と家族』建帛社、1998年

貝塚啓明他監修『日本経済事典』日本経済新聞社、1996年

袖井孝子「家族」秋元律郎・石川晃弘・羽田新・袖井孝子『社会学入門』有斐閣新書、1978年

戸田貞三『新版 家族構成』新泉社、2001年（初版1970年）

中根千枝『家族の構造―社会人類学的分析』東京大学出版会、1970年

森岡清美「家族の形態と類型」「家族のとらえ方」山根常男・森岡清美・本間康平・竹内郁郎・高橋勇悦・天野郁夫編『テキストブック社会学(2) 家族』有斐閣ブックス、1977年

森岡清美・森岡崇『新しい家族社会学』培風館、1983年

柳勝司編『家族法第2版』嵯峨野書院、2015年

山田忠雄主幹『新明解国語辞典第六版』三省堂、2005年

山根常男「家族の本質―キブツに家族は存在するか?」社会学評論 Vol.13 No.4、p.37-55、1963年

山根常男「人間にとって家族とは」山根常男・玉井美知子・石川雅信編『わかりやすい家族関係学―21世紀の家族を考える』ミネルヴァ書房、1996年

湯沢雍彦『お茶の水女子大学家政学講座第15巻 家族関係学』光生館、1969年

湯沢雍彦『新しい家族学』光生館、1987年

莇田光三「家族の多様性と普遍性」お茶の水ヒューマンライフシステム研究会『家族と生活―これからの時代を生きる人へ』創成社、2013年

第7章

日本社会における家族の変遷

　本章では日本社会における家族について、明治期〜戦前、戦後・昭和期、平成期の3期に分け、それらの家族の形態や特徴の違いをみていきたい。

第1節　明治〜戦前の家族

　近代以降、第二次世界大戦までは、1898（明治31）年に公布・施行された旧民法によって、家族制度が強制されていた。具体的には旧民法「第4編 親族」「第5編 相続」（2つの規定を総称し「家族法」と呼ぶ）の規定である。

　旧民法下では、「長男子単独相続」を中心とする「直系家族制」の家族が、あるべき家族として強制されたのである。その制度とは「家制度」「イエ制度」「イエ」と呼ばれるものである。イエにおける人間関係は、生まれながらの不平等性に基づくものであった。家長に戸主権が与えられ、長男子のみが、優先的独占的に家督を相続し、家の継承と繁栄が最も優先されるべきとして、個人の自由・独立は制約された。とくに女性は嫁として嫁ぎ先の家の労働を担い、財産の管理権はなく、貞操義務が課せられた。親子関係は夫婦関係より、男性は女性より、長男は次男・三男より、本家は分家よりも優位に立つものであった。家族員は平等ではなく、家長（父親）を中心とする縦の主従的身分関係が強要された。

　日本では、明治期より始まった資本主義経済の歩みと比して家族形態の変化（通常は資本主義が進むにつれて夫婦家族へと移行）の足取りが極めて遅かったことについて、青井和夫［1974］は次のように原因を分析している。

①資本主義が自生的でなく、海外から輸入されたものであったため、市民へ浸透が遅れた。
②家族労働力を中心とする零細な農業・漁業・サービス業・小売業などが、多く残存した。
③低賃金を維持するために、出稼型ないしは家計補助型労働者と農村の潜在的過剰人口を、資本が積極的に利用した。

④企業や国家の生活保障制度が不十分で、家族内の相互扶助がその代用物とされた。
⑤経済的貧困と住宅事情が悪いため、直系家族を夫婦家族に分解することが難しかった。
⑥家族主義的国家観の上に立つ不可侵(ふかしん)の天皇制イデオロギーが、その制度をバックアップした。

以上6点を、日本の特殊事情として挙げている。

第二次世界大戦後、旧民法は廃止されることになるが、こうした家族制度の終焉(しゅうえん)から70年以上経つ現代日本においてもなお、イエの名残(なごり)は日常的にみられる。家事・子育てや介護は妻や嫁が担うことが多く、多くの女性は結婚すると姓を変え、夫の姓を名乗る。葬儀も家単位で行われることが多く、墓石には「〇〇家之墓」と家の名前が刻まれる。結婚式の披露宴(ひろうえん)においては「〇〇家△△家ご両家のご多幸……」と祝辞が述べられる。当時と比べ形骸化(けいがいか)している向きもあるとはいえ、そのような文化が現存していることは確かである。日本人の意識下にあるイエの観念は社会が変化したからといってすぐになくなるものではない。家族はそう簡単に変わるものではないといえる。

第2節　戦後・昭和の家族

第二次世界大戦が終わると、個人の尊厳、法の下の平等、両性の本質的平等の新憲法の理念の下、1947（昭22）年、家族法の全面改正が行われた。

それにより、家制度、戸主権、家督相続、妻の無能力等が廃止された。成年の子は自分の意志で結婚でき、妻と同じく夫の不貞も離婚理由になり、扶養義務の順位がなくなり、妻に相続権が与えられ、子は男女ともに均分相続できるようになった。

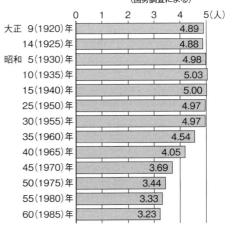

図表7-1　普通世帯平均人員の推移
（国勢調査による）

年	人数
大正 9(1920)年	4.89
14(1925)年	4.88
昭和 5(1930)年	4.98
10(1935)年	5.03
15(1940)年	5.00
25(1950)年	4.97
30(1955)年	4.97
35(1960)年	4.54
40(1965)年	4.05
45(1970)年	3.69
50(1975)年	3.44
55(1980)年	3.33
60(1985)年	3.23

[出典]［湯沢雍彦、1987、p.3］に基づき作成。

図表7-2 家族類型別世帯数の割合

	大正9年 1920	昭和30年 1955	昭和35年 1960	昭和45年 1970	昭和50年 1975	昭和55年 1980	昭和60年 1985
核家族世帯	55.3	59.6	60.2	63.5	63.9	63.3	62.5
その他の親族世帯（拡大家族に相当）	38.2	36.5	34.7	25.4	22.3	20.7	19.8
非親族世帯	0.5	0.5	0.4	0.4	0.2	0.2	0.2
単独世帯	6.0	3.4	4.7	10.7	13.6	15.8	17.5
計(%)	100.0	100.0	100.0	100.0	100.0	100.0	100.0

[出典] 国立社会保障人口問題研究所「家庭類型別世帯数および割合」より作成。
注1：総務省統計局『国勢調査報告』による。各年10月1日現在。1920年は『世帯とその地域性』昭和60年国勢調査モノグラフシリーズNo.9）による。
注2：核家族世帯数とは夫婦のみ、夫婦と子ども、男親と子ども、女親と子ども世帯の総数。

　戦後の民主化とともに欧米流の夫婦家族制が普及することになったが、家族形態の変化がすぐに表面化することはなかった。1920（大正9）年から1955（昭和30）年までの35年間ほぼ世帯人数は変わらず、5人前後を推移していた。
　しかし、高度経済成長の始まりから5年ほど遅れた1960（昭和35）年以降、世帯人数は急速に減少を始めた（**図表7-1**）。拡大家族の割合も減り、核家族の形態をとる家族の割合が増え、核家族化が進行した（**図表7-2**）。
　この頃の家族を形成した人々は1925年〜1950年生まれ、すなわち昭和ヒトケタから戦後の「第1次ベビーブーム」期に生まれた人々（団塊の世代）である。これらの人々は人口学的移行期世帯[注1]と呼ばれ、人口が多い、きょうだいが多い、という人口学的特殊性をもっていた。
　つまり、その当時に起きていた「核家族化」の現象は、直系家族制から夫婦家族制への制度転換を受け拡大家族が分裂して核家族となったのではなく、人口が多かったため、新たな夫婦と子からなる核家族が次々と創設されたことによって起きたと考えられるのである。

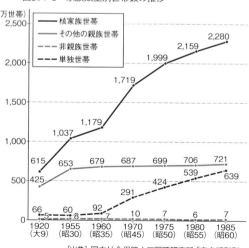

図表7-3　家族類型別世帯数の推移

[出典] 国立社会保障人口問題研究所「家庭類型別世帯数および割合」より作成。

図表7-4 出生数および合計特殊出生数の年次推移

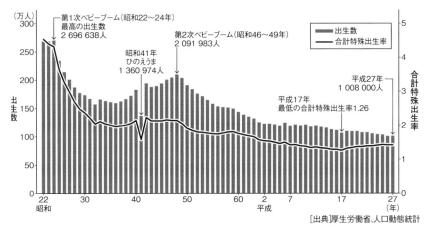

[出典]厚生労働省,人口動態統計

　図表7-3にみられるように、1955（昭和30）年以降、核家族世帯数の増加には目を見張るものがあるが、拡大家族に相当する「その他親族世帯」数は1955年以降ほとんど変化を見せず、1955年653万世帯から1985年721万世帯へと、わずかだがむしろ増加をしているのである。さらに、単独世帯が増えていることも注目される。

　図表7-4は、戦後から現在までの1年ごとの出生数の推移を表したグラフである。第1次ベビーブーム期は年間におよそ270万人（現在のおよそ2.7倍）が誕生し、合計特殊出生率も4人を超えていた。

　そのような人口学的移行期世代の人々が親となることにより、1971（昭和46）年から74年にいたる「第2次ベビーブーム」が出現した。そして、本来ならば第3次ベビーブームが来るはずのところが来なかったこと、これが現在話題に取り上げられる「少子化」であると考えられる。

　戦後の家族を考える際に、1955（昭和30）年から75（昭和50）年までの高度経済成長期の社会背景を無視することはできない。その初頭には第1次産業から第2、3次産業へと産業構造が転換し、都市に人口が集中し交通網が整備されるなど都市化が進んだ。

　公営住宅や社宅が次々に建設され、雇用の受け皿となった。年功序列、終身雇用で安定した収入が得られることにより、サラリーマン家庭の生活水準は向上し、白黒テレビ、洗濯機、冷蔵庫といったいわゆる"三種の神器"と呼ばれる家庭電化製品も普及した。生活の合理化と収入の安定により、女性は専業

主婦となり、子育てに専念するようになった。教育ママ、マイホーム主義などの言葉も生まれた。お見合い結婚から恋愛結婚へ、主従夫婦から友だち夫婦へ、結婚や夫婦の関係も大きく変わっていった。

落合恵美子[2004]はこの頃の家族の特徴[注2]を家族の戦後体制とし、これらは近代家族の様相を呈すとして、近代家族の特質を次のように整理した。

　①家内領域と公共領域の分離
　②家族構成員相互の強い情緒的関係
　③子ども中心主義
　④男は公共領域・女は家内領域という性別役割分業
　⑤家族の集団性の強化
　⑥社交の衰退とプライバシーの成立
　⑦非親族の排除
　(⑧核家族)

ここに指摘されたどの特質をとってみても、現代のわたしたちの家族とそう変わらないように感じる。しかし、この一見当たり前の家族の形にみえる近代家族は、人口学的特殊性の上に成り立った近代という時代の産物に過ぎない限定的なものであり、相対的にとらえなくてはいけないと、落合は指摘する。確かに近代家族の特質は普通の家族のようでもあるが、現代を生きるわたしたちには、どこか古めかしい印象を受ける要素もある。家族はなかなか変わらないものであるが、少しずつ変わってもいることに気づかされる。

また、山田昌弘[1994]は家族の機能面に着目し、近代家族の基本的性格は次の3点であるとした。

　①外の世界から隔離された私的領域
　②家族成員の再生産・生活保障の責任
　③家族成員の感情マネージの責任

そして、これらがうまく機能していないところに、近代家族の不安定性があるとした。近代家族を支えている主なもの(装置)は、子どもを持ち育てることが母親の幸せであり親の人間的成長を促す、個人の幸せを保障することが家族の役割である、愛情があれば家族が経済的困難でもやっていけるなど、家族愛、母性愛、父性愛などを前提にした「愛情のイデオロギー」であるとした。

家族は人間がつくるものであるので、当然ながら人間の感情により非常に影響を受けるものであるということがこれよりわかる。山田の指摘する近代家族の様相は、21世紀の現代になっても揺れ動く家族の不安定さを示しているといえよう。

第3節　平成の家族

湯沢雍彦[2014]は、『データで読む平成期の家族問題』の中でさまざまな統計調査によるデータを分析することにより平成期の家族を考察した。

まず、平成期(調査時点は平成元[1989]年～平成25[2013]年の25年間)の社会経済状況を概観すると、次のようになる。

- 平成元～3年(1989～1991)
  平成景気、所得上昇、週5日制の定着
- 平成4～8年(1992～1996)
  経済不況始まる、ホームレス急増、小企業倒産、就職氷河期、生活水準は横ばい
- 平成9～10年(1997～1998)
  不況本格化、個人破産5万件超、大企業倒産、自殺率増加、平均世帯収入低下
- 平成12年(2000)
  介護保険制度、成年後見制度開始
- 平成13～24年(2001～2012)
  経済不況続く、リーマンショック(アメリカ)、ヨーロッパ財政危機による世界不況
- 平成25年(2013)
  ドル安円高、大企業景気改善などの動き

湯沢はこのような社会経済状況と家族が密接に関連しているとし、家計調査による平成期の家族、家庭生活を分析した。まず、平成期に家族・家庭に関連する新しい出来事としてプラスとみえる側面を次のように挙げた。

　　○土・日休業制の普及。
　　○共働き家庭が過半数を超える。
　　○都市ではイクメン（育児に積極的な男性）の波が起こる。
　　○パソコン・ケータイの急速な普及。
　　○介護保険制度および成年後見制度の創設と一般化。
　　○禁煙が徹底し、アルコール依存症は減少。
　　○健康改善、未成年者が親を失うことが減少。

次にマイナスとみえる側面は、以下のようなものである。

　　●不況が長引き正規の就職収入が困難化。
　　●生活困難家庭が多発（とくに母子家庭、高齢者世帯の貧困化）。
　　●高齢化が急増（とくに認知症、介護問題が増加）。
　　●少子化も続き人口減が始まる。
　　●いじめ、虐待など病理現象増加。
　　●離婚は増加後に減少したが、子をめぐる争いは増加。
　　●高速道路など社会資源の老朽化。
　　●地震、大雨などの自然災害の打撃が多発、自然環境の悪化。

湯沢は、平成25年期の家族について、平成元年から8年まで（1989～96年）を第1期、平成9年から25年まで（1997～2013年）を第2期と区分すると、特徴をとらえやすいとした。それに当てはめると、おおむねプラス面の出来事は第1期のものが多く、マイナス面の出来事は第2期のものが多いという。社会保障も整い、豊かになったと思える現代でも、貧困問題は根強く、少子高齢化に伴う諸問題もますます深刻化していることがわかる。

　では、このような悪化する社会状況の中で家族は危機的状況なのかといえば、湯沢は調査大勢で見る限り、個人化がやや進んだものの、制度としての婚姻は健在で、夫婦と親子の大部分は安定しており、現代日本の家族に「家族の危機」という言葉は見当たらないと結論づけている。

　平成22（2010）年時点において、男の80％、女の90％は50歳までに一度は結婚をしていること、18歳未満の子どもの8割は核家族の中で、2割は3世代世帯の中で育っていること、親から遺棄され虐待される子どもは毎年5000人近く現れるがそれは子ども全体の0.2％に過ぎないこと、小さな子どもへの虐待は増加傾向にあるが15～24歳を対象とする「家庭生活に満足感をもつ青少年の割合」[注3]は平成19（2007）年で87％でありその値は年々増加していること、少年非行は平成に入って減少を続け特に平成16年以降は急減（昭和60［1985］年の3分の1）していること、平成10、11年頃からのイクメンの登場にみられる男側の意識の変化があったこと、有配偶者（内縁を含む）は約3200万組もありこの中での年間離婚件数（平成25年は23万件）は微々たるものに過ぎないこと、などの根拠による。

　これら湯沢のデータ分析による実証的な家族研究は、今後の家族問題と向き合い、解決方法を探るための情報資料を提供するものとして価値があるといえるだろう。家族に関するさまざまな論議が巷を賑わせ、「家族は変貌した」もしくは「家族は崩壊した」などと言われることも多い。しかし、現実をみれば家族は皆が思うほど変わってはいないことにも気づかされるのである。

　終わりに、これからの家族を予測してみたい。今後は家族のかたちが変化し、血縁や婚姻制度にとらわれない、個々人の自由な選択によりつくられていく新しい家族が期待されていくことだろう。法律婚から事実婚、内縁夫婦への動き、また、同性婚が広く認められるような動きもある。

　夫婦、親子に関する法律もいくつか改正されつつある。平成23（2011）年離婚後の面会交流等明文化[注4]、平成25年非嫡出子相続分の規定削除[注5]、平成

28年再婚禁止期間の短縮^{注6}などが挙げられる。しかし、夫婦別姓や嫡出推定に関する規定など、今後も議論を深めていかなければならない課題は多い。

　これからの家族がどうなるにせよ、現時点ではまだ、わたしたちは家族を必要とし、家族に心の拠りどころを求めている。この少子高齢社会において、まずは自分自身がどう幸せに生き抜いていくか、それを考えていくことが家族をみつめることにもつながるのだろう。

　わたしたちにとって家族とは、どうしようもなく気になって仕方がない存在である。今後、家族のかたちがどうなっていこうとも、人類の家族があったから今のわたしたちが存在できているのだ、ということだけは忘れたくない。

注1）1925-1950年の25年の間に日本は多産多死型社会からその後の少産少死型社会へ移行するいわゆる"人口転換"を迎えたことから人口学的移行期世代と呼ばれる。特に1945年の終戦以降の数年間は第一次ベビーブームにみられるように多産多死から少産少死への移行期「多産少死」であった。

注2）落合恵美子［2004］は、その特徴として、「女性の主婦化」、「再生産平等主義（皆が適齢期に結婚、主婦となり、子どもは2、3人産む、という画一主義）」、「戦後家族は人口学的移行期世代が担い手であったこと」、の3点を挙げている。

注3）内閣府政策統括官「世界青年意識調査」による。

注4）離婚時に父母が定める子の監護に関する事項として、子の利益を最も優先して考慮するよう、面会及びその他の交流及び監護費用の分担が明記された。

注5）平成25（2013）年9月4日に最高裁判所大法廷により、民法の規定のうち嫡出でない子の相続分を嫡出子の相続分の2分の1とする部分が違憲であると判断されたことを受け、同部分が削除された。

注6）平成27（2015）年12月16日、再婚禁止期間180日（6カ月）を違憲とする最高裁判決を受けて、平成28年6月に100日へと改正・短縮された。

◎参考文献
青井和夫『家族とは何か』講談社、1974年
赤星礼子「家族に関わる基礎的概念と諸相」槇石多希子・水島かな江・赤星礼子・久保桂子・佐藤宏子『変化する社会と家族』建帛社、1998年
落合恵美子『21世紀家族へ―家族の戦後体制の見かた・超えかた［第3版］』有斐閣選書、2004年
袖井孝子「家族」秋元律郎・石川晃弘・羽田新・袖井孝子『社会学入門』有斐閣新書、1979年
袖井孝子『変わる家族 変わらない絆―ともに支えあう少子化社会をめざして』ミネルヴァ書房、2003年
長津美代子・小澤千穂子編『新しい家族関係学』建帛社、2014年
柳勝司編『家族法［第2版］』嵯峨野書院、2015年
山田昌弘『近代家族のゆくえ―家族と愛情のパラドックス』新曜社、1994年
湯沢雍彦『図説 現代日本の家族問題』NHKブックス、1987年
湯沢雍彦『データで読む平成期の家族問題―四半世紀で昭和とどう変わったか』朝日新聞出版、2014年

第8章

さまざまな生活の要素と家族の関わり

第1節　生活の学における家族の追究

　本章では、これまでみてきた「家族」と、第1部において取り上げてきた「生活」が、どのように関わり合っているかについて、生活の要素という側面を切り口として考察していくことにする。その考察の前に、まず家族のもつ2つの側面を整理しておこう。

　生活の学である家政学において、家族を追究する際に家族をどのような概念として規定するかには2種類あると考えられる。概要は第4章第3節において述べたが、ここでもう少し詳しくみていきたい。家族の2つのとらえ方、その概念を比較したものが**図表8-1**である。

　まず1つめは、「環境の1つとしての家族」というとらえ方である。家政学では、生きる人間とその生を支える環境が相互作用する姿を生活の営みと考え

図表8-1　エレン・リチャーズの環境分類に基づく家族のもつ2側面の概念図

〔出典〕［松岡明子、1997、p.87］に基づき作成。

ている。人間と関わり合う環境とは、土や水、空気などの自然物や、衣服や食物、住居やお金などの物的環境だけでなく、家族や友人、学校や会社、地域社会など人的（社会的）環境もある。よって家族は生きようとする人間が影響を受けたり与えたりする環境の1つであるととらえられる。環境は醸成できるものであるから、自分自身がよりよく幸せに生きて、生活できるように自ら家族に働きかけ、家族員の関係性を良好にし、家族にかかる諸問題を解決していこうとする姿勢が必要になる。

　湯沢雍彦（やすひこ）から始まったいわゆる従来の家族関係学のスタンダード型ともいえる研究領域は、この考え方を基にしている。すなわち、結婚によって始まる家族のさまざまな人間関係、夫婦、親子、兄弟姉妹、祖父母などの人間関係や、またそれらの関係から生まれる仕事、家事、子育て、老親介護、離婚、相続などの諸問題について追究していくものである。

　2つめに、生活の学である家政学においては、生活の主体は個人であると同時に家族でもあるとする見方がある。

　この「生活の主体としての家族」のとらえ方についてアメリカ家政学の例を挙げて考えたい。アメリカの家政学は、「Home Economics」から1994（平成6）年に「Family and Consumer Science」（家族・消費者科学）へと名称変更した。この「Consumer」（消費者）とは、よりよく生きようと環境と相互作用する人間を指している。また、消費者の概念における人間には、生きようとする人間個人と、その個人にとって最も身近な存在である家族も含まれると考えられている。すなわち、「消費者＝個人とその家族」なのである。そうであれば、名称の「消費者科学」の前に「家族」を付けるのはおかしいという議論になるが、消費者とは個人だけではないとする主張と、たとえ家族が重複したとしてもそれほどまでに家族にこだわり、家族の生活を重視したいアメリカ家政学の思いがあったのではと予想されるのである。個人が幸せに生きることはその個人をとりまく家族が幸せに生きることを意味し、家族の幸せはその個人の幸せに強く結びついていくと考えられるのである。

　このように、家族を個人同様に生活の主体ととらえ、家族が家族をとりまくさまざまな環境と相互作用し関わり合っている様態を生活の学において追究するひとつの見方が確認できるであろう。生きる主体である家族と、それを取り巻く環境との関係を考える学であり、マクロ家族関係学と呼んでよいだろう。これは従来型の家族関係学の枠組みを超え、それをとりまくさまざまな諸環境

へ視野を広げ、それぞれの環境と相互作用しながら、家族が成長発達するという生態学的家族発達論（本章第4節にて詳述）といえるものであるかもしれない。

　以上、生活の学における家族に対する考え方の2側面を整理した。次節より、生活を構成しているさまざまな要素の中から「時間」、「空間」、「人間」、「衣」、「食」、「住」、「お金」の7要素を取り上げ、それぞれが、家族とどのように関わり合っているのか、その具体的様態をみていくことにする。

第2節　時間と家族

　人間は、この世に生を受けて、いずれは死を迎えるという時間の流れの中で生き、生活を営んでいる。生命体の出生、成長、成熟、老衰、死亡など生命現象によって規定された一定のコースを、人間の生活現象（誕生、成長、入学・卒業、結婚、出産、子育て、退職、老親介護、死亡など。「ライフステージ」ともいう）としてとらえ直し、規則的推移を表したものを個人の「ライフサイクル（life cycle）」という。また、個人の生活は家族の生活と重なる部分が多く表裏一体になっているため、生活の主体としての家族のライフサイクルの概念も生み出された。それを家族が誕生してから衰退するまでの時間的規則性を表した「ファミリーライフサイクル（家族周期）」という。

　図表8-2は、女性のライフサイクルのモデル（妻からみたファミリーライフサイクルともいえる）を、1975（昭和50）年と2013（平成25）年で比較したものである。2013年のほうが初婚年齢や出産年齢が高くなっていることがわ

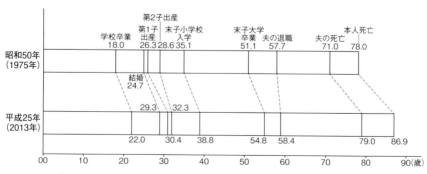

図表8-2　女性のライフサイクルモデルの比較

［出典］厚生労働省「人口動態統計」、「生命表」、国立社会保障・人口問題研究所「出生動向基本調査」を基に作成。
注：寿命は各年の20歳の時の平均余命から算出。

かるが、これらはまさに少子化の直接的要因とされる未婚化、晩婚化の現象が起きていることを示している。また、夫は退職後から死亡までおよそ13年から21年へ、妻は夫の退職後から自分の死亡まで、およそ20年から29年へとリタイア後の高齢期が延びていることがわかる。このように、ライフサイクルモデルを比較することにより現代の少子高齢社会の状況を垣間見ることができる。

　また、これらのライフステージを人間が発達する段階と考え、その段階ごとに克服すべき課題を設定し、それをクリアすることによって人間は成長発達するとする考え方も示されている。松岡明子［1994］は、家族の発達段階を、①婚前期、②新婚期、③養育期、④教育期、⑤自立期、⑥老年期の6つとし、それぞれを、家庭経営、家計管理、家族関係、外－家庭関係の4側面から課題を設定した。

　また、生まれて死ぬまでという時間の流れとともに、1日24時間という時間の流れもある。動植物や人間などほとんどの生物は約24時間の周期（サーカディアンリズム）をもつ活動パターンを示す［荒川紘、1978］。これは本能的に生物に備わっているいわゆる体内時計というものであるが、わたしたちは、その体内時計と人為的に定められた社会的時計によって、毎日の時を刻みながら生きている。松平友子［1954］は1日24時間を1つの周期（生活時間）として、それに生活の3要素（生活行動＝生理的生活、作業的生活、慰楽教養的生活）を対応させることによって、生活の様態を明らかにすることができると考えた。

　湯沢雍彦［2008］は、総務省統計局「社会生活基本調査報告2006年」における夫婦の生活時間を分析し、日本の夫の家事労働時間（週平均1.18時間）は、スウェーデン（3.19時間）、アメリカ（2.59時間）などと比較して非常に少ないことを指摘した。また、夫妻の家事分担割合は共働き世帯の夫（8.5％）、専業主婦世帯の夫（10.4％）、ともに非常に低い値を示し、日本の男性は家事は妻任せであり、仕事の時間が長いことも相まって家事を担当する時間が少ないことが明らかになっている。

　中山節子ら［2014］は、生活時間調査により個人や家族の生活にめぐる課題を明らかにすることができるとし、女性の家事時間の負担をできるだけ減らすこと、心身の休養を図る余暇時間を増やすこと、家族団欒の時間を増やすことなどの生活改善をしなくてはならないとしている。生活向上のためには、自身の生活時間の見直しとともに、企業や行政側からの、乳幼児や高齢者を中心とした家族への支援など社会全体としての取り組みが不可欠であろう。

第3節　空間と家族

人間が生きていくためには生活の営みの場、空間がなくてはならない。

関口富左[1977]は、「うち」を家庭生活を営む守護の空間、「そと」を職場や学校、社会生活を営む不守護の空間として、人間の生活を「うち」と「そと」の2つの空間としてとらえた。

また、生活の場に関して、人間はよりよく生きることを追求し、一生発達成長を遂げるものとする生涯発達の観点から考えることもできる。工藤由貴子[2012]は、さまざまな生活資源をよりうまく使いながら生活をマネジメントすることによって自己実現を可能にするライフスタイルを形成できるとし、生活のマネジメントにより形成される場を**図表8-3**のように示した。ここでは、個人の生涯発達において生じる場であるためか「家庭」という言葉は使われておらず、住まい、生活の拠点として示されているが、それらはより開放的な存在として位置づけられていることがわかる。さらにこれを、成長発達する主体である自分は個人であり家族であると考え、家族の生涯発達と置き換えることも可能であろう。

また、「あなたにとって家庭はどういう意味をもっているか」という2015（平成27）年の内閣府調査では、家庭の役割を「場」という表現を使用して選択肢を掲げている。

家族の役割として複数回答を求めたところ、家族の団欒の場（65.7％）が最も多く、次いで休息・やすらぎの場（61.8％）、家族の絆を強める場（50.0％）

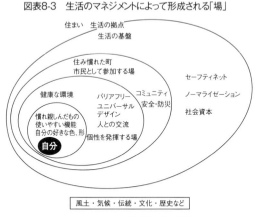

図表8-3　生活のマネジメントによって形成される「場」

〔出典〕工藤由貴子、2012、p.11

が上位を占めた。子どもを生み、育てる場（27.9％）、夫婦の愛情をはぐくむ場（27.3％）、子どもをしつける場（16.5％）等と比較して、上位3項目にみられる特徴は、家族の団欒を通じて家族の一体感や絆を確認し、ほっとできる安らぎの「場」としての家庭の役割が強く求められていることを示している。

第4節　人間と家族

　人間は誰しも人間（親）から生まれる。そして、パートナーと新しい家族をつくったり、子どもを産み育てたりして、その一生の大部分を家族とともに過ごす。また、少子高齢化の現代社会においては、生涯独身で家族をもたずに1人で過ごしたり、長い高齢期を1人で過ごすことも多い。
　ここではまず人間関係の基本的な考え方を知り、結婚、子の誕生、子育て、親の介護といったライフステージごとに、「人間」と「その家族員や地域社会における人間」との関係性についてみていく。

1．人間関係の基本的な考え方

　人間が社会的な存在である限り、誰かほかの人間と関わりをもって生きているといえる。人間関係を考えるとき、個人と個人が存在しそこに人間関係が生じるという静態的なとらえ方ではなく、人間はそもそも生まれながらに社会性、関係性をもっており、それは動態的（ダイナミック）な関係ネットワークの一部として、関係からスタートして人間存在を確認するというとらえ方をしたほうがよい。
　武藤安子［2012］の分類によれば、1対1（例えば自分と相手、集団でも同じ）の場合は、自分が相手のことや相手との関係性を自分の視点からのみ把握する場合（1者関係型）と、自分からと相手からの両視点により把握する場合（2者関係型）がある。また、3者の関係性になると、それぞれの2者関係型にプラスして、自分以外の2者関係と自分との関係というように、関係性に関わっていく関係性も生まれる。それを3者関係型という**（図表8-4）**。つまり、3者

図表8-4　人間関係の基本的類型

1者関係　　　　　2者関係　　　　　3者関係

〔出典〕武藤安子、2012、p.51

以上の個人もしくは集団になると、2者の関係性に関わってくる他者が加わり、お互いの関係性を、より客観的に冷静にとらえやすくなるのである。

この3者関係型は、社会において人間関係を円滑に行うためには必要な視点であるだろう。子どもは幼い頃は母親とのつながりが大きいが、母親とだけではなく、そこに父親の存在が加わることにより、3者関係型を経験することができる。また、祖父母やきょうだい、親類をもつことにより人間関係の幅が広がる。家族（世帯）人員数が減ってきた現代社会においては家族単位でのみそれを補うことは難しく、近隣や地域社会によって補うような社会のしくみが必要になるであろうと考えられる。

2. 結婚に関連して生じる人間関係

結婚すると、パートナーと新しい人間関係をつくることになる。昨今急激に進行している少子化は、未婚化・晩婚化が直接の原因といわれている。

国勢調査からみる生涯未婚率は男女ともに上昇していることがわかる（**図表8-5**）。とくに男性は1950年調査当初は1.5％程度であったものが、1985年調査からは急激に上昇、2000年調査からは10％を超え、2010年調査では20.14％まで上昇した。

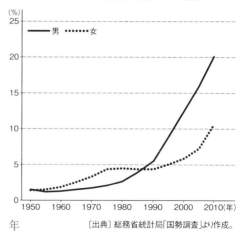

図表8-5　男女別生涯未婚率の年次推移

〔出典〕総務省統計局「国勢調査」より作成。

女性は男性ほどの伸び率はないが、2010年調査では10.61％と初めて10％を超えた。また、厚生労働省の人口動態調査によれば、平均初婚年齢は男性は2006年より30歳を超え、女性は2015年では29.4歳と30歳に迫る水準になっている。このように未婚化晩婚化は確実に進んでいることがわかる。

結婚をするにあたって相手にどのような条件をのぞんでいるのであろうか。**図表8-6**のように、男女とも「人柄」「家事・育児の能力」「仕事への理解」を重視および考慮する人が多い。第4位以降に男女差がみられ、女性は「経済力」を相手に求めている傾向が男性より強いことがわかる。

図表8-6　結婚相手の条件として重視する(考慮する)項目の順位と割合

男性				女性			
「重視する」順位	条件	「重視する」割合	「重視する」と「考慮する」を合わせた割合	「重視する」順位	条件	「重視する」割合	「重視する」と「考慮する」を合わせた割合
第1位	人柄	77.4%	95.1%	第1位	人柄	88.4%	98.2%
第2位	家事・育児の能力	47.5%	93.1%	第2位	家事・育児の能力	62.4%	96.4%
第3位	仕事への理解	40.9%	89.0%	第3位	仕事への理解	48.9%	92.7%
第4位	容姿	22.9%	82.4%	第4位	経済力	42.0%	93.9%
第5位	共通の趣味	21.2%	75.4%	第5位	職業	31.9%	85.8%
第6位	職業	5.0%	43.4%	第6位	共通の趣味	15.8%	78.6%
第7位	経済力	4.0%	38.7%	第7位	容姿	15.6%	77.1%
第8位	学歴	2.7%	26.4%	第8位	学歴	8.3%	53.3%

〔出典〕国立社会保障・人口問題研究所第4回出生動向基本調査2010年より作成。
注：調査対象は「いずれ結婚するつもり」と答えた18～34歳未婚者。
設問：「あなたは結婚相手を決めるとき、次の①～⑧の項目についてどの程度重視しますか。それぞれ当てはまる番号に○をつけてください」(1.重視する　2.考慮する　3.関係ない)

　また全体として、女性の方が相手に求めるそれぞれの項目を「重視する」「考慮する」と回答した人の比率が男性よりも高い。結婚によって人生が決まると考え、女性の方が結婚自体を重要視している側面もうかがえる。

　第5回全国家庭動向調査（国立社会保障・人口問題研究所、2013年）における妻の意識調査によれば、夫婦で共通に行う行動が「ある」と答えた割合は、「夕食を一緒にする」88.7％、「その日の帰宅時間や週の予定を話す」76.9％、「買い物に行く」73.5％等が上位を占めた。また、「旅行（日帰りを含む）に出掛ける」は「ある」51.5％、「ない」48.4％と拮抗した。夫婦間で日常生活における行動を共にするなどのコミュニケーションはあるが、旅行など特別な行動になると、それほどコミュニケーションをとってないことがわかる。

　結婚はもともと他人であった1人の人間と新しく密接な人間関係を創造していくことといえるが、その相手をどのように選び決定するか、相手とどんな人間関係を構築していくかは、その人のライフスタイルや人生を左右するものであるといえよう。

3. 出産・子育てにより生じる人間関係

　出産により子どもが誕生し、新たな人間関係が生じる。親子関係、きょうだい関係、夫婦関係等家族内の人間関係が大きく変化をすることが考えらえる。
　江村綾野［2013］は、乳幼児を育てる母親の感情の日内変動について、Xさん（37歳、男児1歳9ヵ月）とYさん（29歳、男児1歳10ヵ月）の2人の母親の事例を紹介している。**図表8-7**、**図表8-8**のように1日の中でポジティブ感

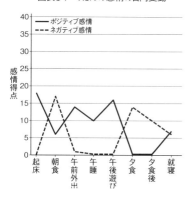

図表8-7　Xさんの感情の日内変動

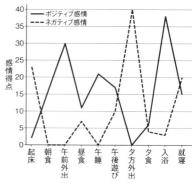

図表8-8　Yさんの感情の日内変動

〔出典〕(2点とも) 江村綾野、2013、p.102

情とネガティブ感情がそれぞれ大きく変動していることがわかる。

　子どもの小食がXさんの期待を裏切るものであったり、Yさんの場合は夕方外出時に子どもがスーパーの商品をほしいとせがんで返さなかったり、乳幼児をもつ母親の感情は、子どもや自分の生活の流れ、生活行動から影響を受けているとしている。母親がポジティブ感情を持ちながら子育てができるように、ポジティブ感情が大きく表れている「午前中の外出」「午睡」「入浴」行動の時間をしっかりと確保し、生活リズムを整えること、自己主張が強くなり反抗期を迎えつつある年齢であることを知り、その対応やその難しさへの理解を母親、父親含めた家族間で共有するようにしていくことが必要であろう。

　また、江村綾野［2014］は、3歳未満の子どもを育てる専業主婦を対象にして、母親の罪障感が対児感情へどのように影響するのかを検討した。3歳未満児の母親の罪障感は、3歳以上児のそれとは構造上の違いがあることが認められ、特に0歳児の母親については子ども否定場面の罪障感を介して、対児感情を否定的にする可能性があることが示唆されたという。また、1、2歳児の母親については、子どもに対する否定育児場面での罪障感と母親の自己都合に関する場面での罪障感の、いずれかによって対児感情に違いが認められたという。

　出産や子育てに関わる諸々の営みを、例えば、母親や父親、祖父母がどのようにその子に関わるかといったように、家族内の環境にのみ関連づけるのではなく、子どもの成長発達に関わるさまざまな環境を大きく4つのシステムとして考え、家族を含めたさまざまな環境の相互作用の中で、子どもは成長発達するという考え方がある。ブロンフェンブレンナーは、人間の発達を環境との相

図表 8-9　ブロンフェンブレンナーの子どもの発達における4つの環境システム

システム	内容
マクロシステム	下位システム（マイクロ、メゾ、エクソ）の形態や内容の一貫性、その背景にある信念体系やイデオロギーなどからなる環境 例　その社会の文化、保育観、ライフスタイル、経済、宗教、慣習など
エクソシステム	子どもが直接参加しないが、子どもを含む行動場面が影響を及ぼしたり、あるいは影響を受けたりするような行動場面からなる環境 例　両親の職場、兄姉の通っている学級、両親の友人ネットワーク、地域社会の活動など
メゾシステム	子どもが積極的に参加している2つ以上の行動場面間（マイクロシステム要素間）の相互関係からなる環境 例　家族、保育所、学校、近所の遊び仲間など間の相互連携
マイクロシステム	特有の物理的、実質的特徴をもっている具体的な行動場面における経験、役割、対人関係のパターンからなる環境 例　子どもと親、きょうだい、保育者、遊び友達などとの直接的関わりにおける行動、経験、役割など

〔出典〕U. ブロンフェンブレンナー、1996、 pp.23-28 に基づき作成。
注：この図はブロンフェンブレンナーの人間発達（生涯発達）における4つの環境システムの概念を「子ども」に特化したものである。発達の主体である『子ども』を「大人」「成人」「人間」と置き換え、「職場」「休息」「妻」「夫」「老親」「子」環境をなどを加えることによって同様な4つのシステムが生じると考えられる。

互作用・相互影響性の中で成長していくダイナミクスな実態ととらえた。そして、その環境とは、単一の直接的行動場面に限定されず、行動場面間の相互連携を包含（ほうがん）するまで拡大される、という位相的に同じ中心をもつ入れ子構造であるところの生態学的環境としてとらえられるものである**（図表8-9）**。

　人間の発達を生態学的にさまざまな環境との相互作用としてとらえることにより、子どもの発達を考える際にも、親子関係、家族関係を考慮するだけではなく、地域、社会や文化、価値といったさまざまな環境からのアプローチが必要であるということが明確になるのである。そして、子どもをめぐる諸問題はさまざまな要因が関係し合った複合的な問題であるということが認識される。さらに、生活の主体としての家族の発達も同様に考えることができるのではないだろうか。

4. 親の介護により生じる人間関係

　子どもの世話が終了し、仕事もリタイアした後の、いわゆる高齢期といわれる期間は近年平均寿命の延び[注1]とともに長くなった。2012（平成24）年度内閣府による高齢者の健康に関する意識調査によれば、約6割の人が65歳を超えても働きたいと考えているという。多くの人が心身ともに健康で、仕事や趣味やボランティアなどをしながら高齢期を生き生きと過ごしたいと望んでいるのである。

しかし、加齢による老化は、それまで当たり前にできていた行動や思考を困難にし、他からの支援がなければ日常生活を行えなくなることも多い。超高齢社会に突入した日本では、子育てと同様に老親の介護問題が今後さらに大きくなると考えられる。戦後高度経済成長期の家族は、介護を担う世代にきょうだいが多かったという人口学的特性によって、子育てや介護をきょうだいや親類で助け合いながら行うことが可能であった。しかし、少子化が進み、きょうだいの人数も減り、今後の介護を家族内のみで行うことは非常に困難である。

実際に高齢者は、どこで、誰に、介護を受けたいと思っているのだろうか（**図表8-10**）。「自宅」が男性においては最も多くみられたが、自宅以外の介護施設や医療機関を合わせると、男性48.8％、女性58.2％と自宅・親族の家を上回った。もはや、自宅での家族による介護を望まない人は、およそ半数にのぼり、女性に至っては6割近くの人が自宅外を望んでいることがわかる。家族に迷惑をかけたくないと思う気もちが読み取れる。

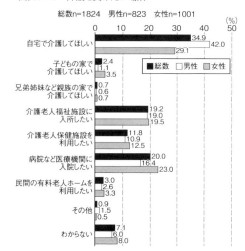

図表8-10　介護を受けたい場所

〔出典〕内閣府「平成24年度高齢者の健康に関する意識調査」に基づき作成。

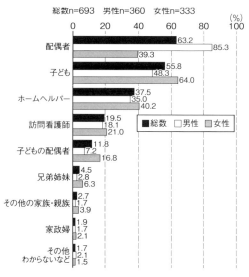

図表8-11　介護を頼みたい相手

〔出典〕内閣府「平成24年度高齢者の健康に関する意識調査」に基づき作成（注：介護を受けたい場所はどこかに対して「自宅」「子どもの家」「兄弟姉妹など親族の家」と回答した人を母集団とする）。

また、自宅や親族の家での介護を望む人に対して、誰に介護してほしいかという質問への回答は、配偶者が最も多く、続いて子どもが多かった。**図表8-11**が示すように、男性では配偶者、子ども、ホームヘルパーという順であり、女性では子ども、ホームヘルパー、配偶者の順となった。

　これらの結果より、配偶者による自宅での介護を望む人は、男性において最も多いことがわかったが、ほとんどの場合、夫婦どちらか一方の死が先にくるわけであるから、その願いは全員にかなうものではない。今後も高齢化がさらに進み、さまざまな問題が浮き彫りになっていくであろうことが予想される。

　誰がどこで介護をするのか、といったことを家族の問題として抱え込むのではなく、誰もが安心して過ごせるような、医療、地域、行政を巻き込んだ大きな介護医療システムを構築していく必要がある。先の内閣府調査によれば、国民の約半数は自宅で最期を迎えたいと願っており、医師および医療機関の不足を補い、跳ね上がる医療費を抑えるためにも、現在国は在宅での介護や医療を奨励している。しかし現実には、在宅での介護・医療は家族に多大な負担を強いる。

　武藤友和［2013］は介護、医療の両面が連携して在宅医療を支援している東京世田谷区の医療法人社団明世会成城内科の取り組みを紹介している。そこで

図表8-12　障害者の傍らに立つ医療・保健・福祉領域の専門職

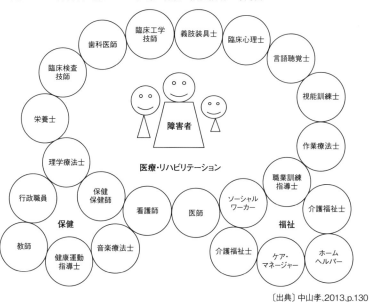

〔出典〕中山孝、2013, p.130

は、患者の在宅での医療や家族も含めた生活に関する情報を近隣の入院機関に提供し、介護と医療が連携することで、質の高い医療、安心できる在宅療養が進められているという。これまでのように、家族や行政サービスのみに頼るのではなく、地域として関連スタッフが連携して終身在宅介護・医療を支えていく取り組みの例[注2]として参考にすべき点は多い。

中山孝［2013］は、リハビリテーションとは単に身体の機能回復のみを指すのではなく、後遺症による障害の回復、その進行の予防や、個人の日常生活動作や生活の質の向上を図り、自立に向けた取り組み行動の全てを指すとし、障害者（高齢者を含む）の傍らをとり囲んで、医療・保健・福祉の専門家が複合的に関わり合いながら、その人のリハビリテーションを援助していくべきとした（**図表8-12**）。障害者高齢者のもっとも近くにいるのは家族であり、家族もまた支援されるべき主体者と考えている。

障害者や高齢者と、その家族である生きる主体が、さまざまな専門分野のサポート体制という環境と関わり合いながら生きていくことは、本人とその家族がよりよく生き、自分らしい人生を全うすることにつながることを意味しているといえるであろう。

第5節　衣と家族

昔は、家族の着るものを母親が製作するなど、衣生活は家事の一環として組み込まれていたが、現代においては、日常生活における衣服は「つくる」ものではなく「消費する」ものとしてとらえられる。現代社会における衣生活とは、工場で大量につくられた既製服を購入し、それを着用・利用し、洗濯や保管など家で管理、不要な衣服を廃棄またはリサイクルするという大きな衣生活サイクルの中に位置づけられているといえる。衣服を着るのはあくまでも個人であるが、衣服の購入、管理、廃棄の流れにおいて、また、家族、親類の冠婚葬祭、儀礼、文化的行事などにおいて衣生活と家族の関わりは大きい。

松本浩司［2016］は、社会と衣生活の変化について、ファストファッションの台頭による既製服市場の変化、実生活における被服製作機会の減少、ミシン活用機会の減少、家事に対する意識と行動の変化、おしゃれの低年齢化およびおしゃれ障害の増加、男性のおしゃれ意識の高まりなどを挙げ、これまでの家庭科における被服製作を重視した被服教育ではなく、既製服またそれ以外のも

のをうまく利用してどのようにおしゃれに着こなすか、などといった装いの観点からの「おしゃれ教育」が必要であると指摘した。

　服の起源において装飾説が最も有力であるとしたように、人間は本来、自分を美しく飾って人からよくみられたいとする自己表現欲求がある。おしゃれを通じて自身の心の健康維持、コミュニケーションの活性化を図り、よりよい人間関係を構築することができると考えると衣服の社会性、精神性に関わる教育を今後はもっと進めていくべきだろう。

　衣服の管理においては住生活環境とも深く関連している。部屋のクローゼットやタンス、押入れには使わない無駄な衣服（死蔵衣料）が大量に占め[注3]、部屋の一室を衣装部屋と称し、衣類の物置として使う人もいる。衣服をどのように管理保管するかということは、住生活との関連においても考えていくことが必要であろう。さらに使わなくなった衣料をどうするかについては、地域のごみ処理法に従って適切に処理し、あるいは使いたい人に譲る、リフォームして再利用する、など環境に配慮した行動が必要となる。

　岩地加世［2010］によれば、不要となって家庭から排出される衣料品は年間推定164万トン、リサイクル率は22％、残り78％は処理処分されているというが、これは、単純計算でおよそ128万トンの衣料が捨てられていることを意味している。捨てる前にできることはないのだろうか。死蔵衣料になる前に、購入時に考えるべきことはないのだろうか。家庭の衣料品への3R（Reduce, Reuse, Recycle）適用なども含めた衣料品の望ましい循環システムを構築していく必要があるだろう。最近では、ドレスや振袖をレンタルするように、普段着もレンタルすることによって一時所有の形で着用する例も出てきている。死蔵衣料を少しでも減らし、使い捨ての大量廃棄、環境破壊を防ぐためにこのような消費スタイルを取り入れていく可能性も視野に入れたいところである。

　布施谷節子［1994］は、多様化する衣生活において、住居の個室化、家電電化製品の個電化、食の個食化と同じように、衣の個服化が進んでいると指摘した。有吉直美［2005］は、子どもをとりまく生活環境の変化を受けて、衣服をとおして社会性、地域理解、国際性を育み、日本の文化を知り、環境問題を解決する力を育むことができるとし、食育ならぬ「服育」を提唱している。

　いずれにせよ一人一人が衣生活は個人・家族の自己実現に深く関わることであることを意識しつつ、かかる問題の解決に向けて主体的に取り組んでいくことが重要であろう。

第6節　食と家族

　食物は、人間がそれを食べ体内に入れることによって、栄養成分となり、身体機能や健康を維持する働きをもつ。食育基本法の制定や、国民健康・栄養調査の実施、食事摂取基準、日本食品標準成分表の見直しなどは行われ、食の栄養・健康面に関する食育はかなり進んできたといえよう。

　しかし、食の意義は栄養・健康面のみにとどまらない。食は人間の精神的安定を図り、食文化の継承や創造にも役立つが、何よりも食は人間関係をつくり出すものとしての重要な意義があると考えられる。人類家族の成立に人類が「共食」をしたことが大きく関わっていることは前に述べたが、食を通じて豊かな人間性を育み、よりよい人間関係を構築するという社会的意義をもつものなのである。

　このような食のもつ個人性と社会性を環境システムとして総合的にとらえようとする考え方がある。足立己幸[1987]は「ある時点での"食"べる営みと食生活は、その社会に生活する人間の過去の"全ての食べる営み・全ての食生活"の反映であり、次の生活や社会・環境の条件となり、歴史的に継承していくものである」とし、食生活を人間、食物、それをとりまく地域社会の3つから構成されるものと考えた（**図表8-13**）。

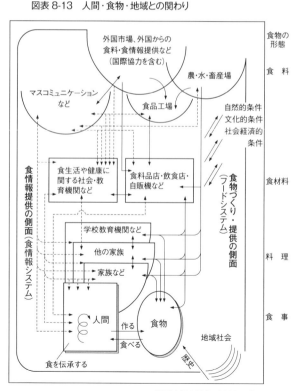

図表8-13　人間・食物・地域との関わり

〔出典〕足立己幸、2000、p.215

これは、食べる主体である人間が、家族、食事や調理、食物、地域、食文化、自然、社会などといった諸環境と相互作用する様子を、つくる、食べる、食に関する情報を発受信する、食を伝承する、などといった食行動として表し、時間的経過も含め、動態的にかつ全体的総合的にとらえた食生活システムであり、食生態学の考え方の基軸となるのものである。

　総合的に食をみることにより、昨今の食品ロス、食に関する情報の管理、食の安全性への不安などの諸問題が浮き彫りになってくる。そして、それら諸問題に対して、自らの行動、関わり方を変えていくことがシステム全体に影響を与えるものになる、ということもわかるのである。

　會退友美[2013]は、ブロンフェンブレンナーの生態学モデル、それに関連したソーシャルエコロジカルモデル等に基づいた行動科学[注4]の立場から、食卓を囲む幼児と、保護者の関わり方に関する調査を行った。子どもの頃の家庭における楽しい食卓経験が、その後の成人期における健康的な食行動や食に関するQOL（quality of life／生活の質を意味する）の高さと関連していることを明らかにし、子どもが食に対して拒否反応を示す場合の保護者のとる行動を評価する質問紙調査票を作成し、それを用いて調査検討することによって、子どもが楽しく食べられるような保護者の関わり方の教材を開発した。共食体験の在り方が子どもの食行動を左右し、食卓を囲み傍らにいる保護者の関わり方を改善することによって、子どもの望ましい食態度、食習慣の形成ができるとする、食における生態学的人間発達理論の検証が行われている。

　家族と食を考える際には、食べるものをつくること、すなわち調理の在り方も生活に大きく関連している。家で調理して家で食べることを「内食」、外部の施設でつくったものを家に持ち帰って食べることを「中食（なかしょく）」、外部の施設でつくったものを外部の施設で食べることを「外食」という。

　外食産業の躍進や家事の社会化、家庭生活の構造や意識の変化により、完全な内食スタイルは以前より減ってきたと思われるが、今もなお家庭では妻・母親といった女性が調理担当になることは多い。近代家族の特徴を指摘した家族社会学者の山田昌弘[1994]によれば、家でつくるよりもまずい弁当を購入した場合、「弁当を購入した」という家族の責任の取り方は、むしろ愛情がない証拠とされてしまうと同時に、生活水準が低い（階層が低い）証拠となる。逆に弁当の方がおいしかった場合、今までの調理が「手を抜いている＝愛情が欠けている証拠」で、かつ生活水準が低い証拠となるという。これは外部サービ

スと比較されることによって家事労働の質をもっと高度にしなくてはならないとする圧力であり、経済の発展とともに家事は外部サービスと比較され、楽になるよりも心理的に重荷になると指摘している。

　本来、調理という行動自体は栄養管理もでき、楽しく創造的な行為であるはずが、近代家族意識が厳然として残っていると思われる現代において、家庭における１人の調理担当者（多くは母親、妻）の身体的精神的負担となっていることはないだろうか。食は、人間関係をつくるものであるとする意義にもう一度立ち返り、一緒に調理して一緒に食べる楽しさについて考えてみることも必要であろう。

第7節　住と家族

　住生活は人間が生きて生活を営む姿そのものを表し、人間や家族のライフサイクルやライフステージの関係性の中でも変化をしていくものとしてとらえられる。冬は温かく、夏は涼しく、衛生的で、陽当たりがよく、地震や火災にも強く、頑丈で、安心安全で、静かで、居心地がよく、落ち着けるなどのように快適で安全で健康的に住環境を整えていくことは、よりよい生活を営もうとする人間や家族にとって重要なことだといえる。また、どのような家に住むかによって個人や家族の生活の質が制限を受ける場合もあるだろう。

　伊東康子［1994］は住居のありかたは個人、家族、地域社会との関係性においてなされるとし、これまでの４者の関係性の変遷を**図表8-14**のようにあらわした。現在はポストモダンへの移行期とし、個人のライフスタイルに応じた自由で開放的な住居が求められていくであろうとした。だとすると、例えば主婦の場であった台所は家族全員が作業できる広さと機能をもち、夫婦各々の個室があり、友人にキッチンやダイニングを開放するなど新しい形がでてくるであろうことが予想される。

　田中みさ子［2012］は、大学生による住宅双六製作を通じて若者の住居観の傾向をみたところ、若いうちは「一戸建て住宅」に対する志向が強く、高齢期では「マンションの都心型」と「一戸建ての田舎型」に分かれたという。

　従来日本では、庭付き一戸建て住宅を夢のマイホームとして志向する傾向が強いが、高齢者にとっては、地方の広い一戸建ては管理が大変で機能性に欠けるという点も否めないだろう。かといって、隣の人の顔の見えない都会の

マンション住まいでは何かと不安も多い。第二次世界大戦前や戦後のかつての日本には、伝統的な町屋や長屋があり、さかんな地域交流が行われてきたように、今後は、仲間とともに暮らす共生型住宅（コレクティブハウス、コウハウジング、シェアハウスなど）もニーズが高まることが予想される。

住まいは、人生を終えるまで住む人のより良い暮らしを支えるものでなくてはならない。日本では地域包括ケアシステムの実現を目指し、各自治体を中心に取り組みが行われている。これは自助・互助・公助・共助の理念のもと、「介護」「医療」「予防」という専門的なサービスと、その前提としての「住まい」と「生活支援・福祉サービス」が相互に関係し、連携しながら在宅の生活を支えていく注5というものである。高齢者ケアの中に高齢者の「住まい」が明確に位置づけられており、行政サービス（公助）だけではなく、自らが自立し自らを管理すること（自助）、ボランティアや地域で助け合うこと（互助）、介護保険など皆で支えあうこと（共助）を必須としていることが特色である。

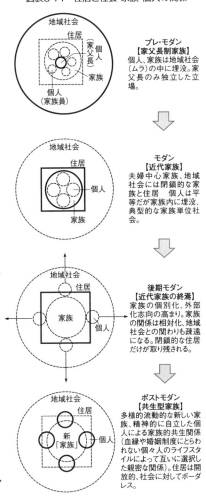

図表8-14　住居と社会・家族・個人の関係

プレ・モダン
【家父長制家族】
個人、家族は地域社会（ムラ）の中に埋没。家父長のみ独立した立場。

モダン
【近代家族】
夫婦中心家族、地域社会には閉鎖的な家族と住居　個人は平等だが家族内に埋没、典型的な家族単位社会。

後期モダン
【近代家族の終焉】
家族の個別化、外部化志向の高まり。家族の関係は相対化、地域社会との関わりも疎遠になる。閉鎖的な住居だけが取り残される。

ポストモダン
【共生型家族】
多様的流動的な新しい家族、精神的に自立した個人による家族的共生関係（血縁や婚姻制度にとらわれない個々人のライフスタイルによって互いに選択した親密な関係）。住居は開放的、社会に対してボーダレス。

〔出典〕〔伊東康子、1994、p.48〕に基づき作成。

大塚順子［2010］は、地域において自立した生活を可能にする住まいとそれをとりまく地域環境を**図表8-15**のように表している。生活する人間・家族を中心に、それをとりまく自然、交通、購買、治安・行政・自治、文化、教育、医療、スポーツ、娯楽、福祉といったさまざまな環境や、生活に必要とされる各施設、場所と住まいのその規模、戸数まで配慮され、生きる高齢者、障害者の息づかいまでが聞こえてきそうな環境図である。

図表8-15 大塚順子「地域におけるさまざまな施設と日常生活圏」

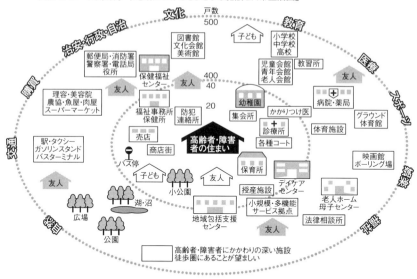

［出典］［大塚順子、2010、p.206］に基づき作成。

　よりよい住生活を考えるとき、このように自然、文化、行政、教育、医療福祉等さまざまな側面を考慮したり、増加する空き家問題の解決や防災対策の整備など地域社会の環境を整えたり、また住まいそのものを管理・維持（家具の配置、部屋の片づけやクリーニングなど衛生面、安全面への配慮、家賃や住宅ローン、光熱費等経済面への配慮等）する等、多角的側面からの考察が必要である。やはりここでも、個人と家族の自己実現を可能にし、よりよい生活を営めるように住生活リテラシーの能力を育成すべく「住育」の可能性も視野に入れておく必要があるだろう。

第8節　お金と家族

　わたしたちが日常生活を送るためにも、生活を構成する要素である、「お金」は欠かせないものである。お金に関する話は「経済」という言葉をもって表現されることが多い。一般に経済システムというと、企業の利潤追求活動をイメージするが、実はそれだけではない。

　経済システムは、**図表8-16**のように4つの層の構成でそれぞれが下位層の下支えにより成り立つ仕組みになっている。自然の営みは生きる大前提だが、

同時に注目すべきなのは、家庭経済が経済システムを支える重要な基盤になっていることである。企業や国、行政の諸々の営みは、よりよい家庭生活の営みがあってこそ成り立つものだと考えられる。

次に、生活における具体的な家計活動についてみてみよう。わたしたちは、仕事をすることにより収入を得て、食物、被服、日用品、雑貨、住居、電気・ガス・水道、交通や通信情報などサービスの代価としてお金を支出している。

図表8-16　経済活動の領域構成

- 営利事業：利潤追求、投資や再生産など企業の事業活動
- 公的な経済：道路網の整備など、社会的生産、生活の基盤の整備　公共投資による
- 家庭の経済：子どもの教育、家事活動、日々の生活の営みなど貨幣に換算できない経済　モノの消費と労働力の供給
- 自然の再生産：自然による資源・エネルギーの再生産　原材料、水、大気などの供給

〔出典〕〔中嶋信、1999、p.44〕に基づき作成。

生活にかかる費用は家族のライフサイクルに応じて変化をし、家族員の人数やライフスタイルにも大きく影響を受けるものと思われる。ライフステージごとにかかる費用を概算したのものが**図表8-17**である。これは保育所に行かず、義務教育は公立教育機関に学び、塾や習い事には通わず、大学は国立大学に行ったとして、最低ラインと思われる費用である。大藪千穂［2012］によれば、これに食費などの生活費と合わせて１人当たり大学卒業までに1000〜2000万円が必要であり、その後、結婚、出産、住宅購入等があり、退職後年金受給まで夫婦の生活費が1440万円、その後も老人ホーム入居、葬式代と、出費は続くとしている。

短期的・長期的に、収入と支出のバランスをとりながらのライフサイクルを見据えた家庭経営が望まれる。家庭経済の如何は社会経済全体に影響を及ぼすことをもう一度皆が自覚し、個人・家族自身が意識改革をすることも必要であろう。それは単に支出を切り詰め制限するだけの家計管理ではなく、家族が自らの生活を見直し収入の増加を図り、よりよい生活が営めるよう自己努力をすること、そしてそれを支える社会体制の充実が急務であるといえよう。

図表8-17　ライフステージごとにかかる費用（誕生から大学卒業まで）

ライフステージ	費用(万)	保険などによる補てん分(万)	概要
誕生	50	42	検診、準備、出産費用など
幼稚園	163		3−5歳　私立幼稚園
小学校	34		学校教育費(塾、習い事除く)
中学校	41		学校教育費(塾、習い事除く)
高校	100		学校教育費(塾、習い事除く)
大学	250		国立大学の場合
計	638	42	

〔出典〕〔大藪千穂、2012、pp.94-96〕に基づき作成。

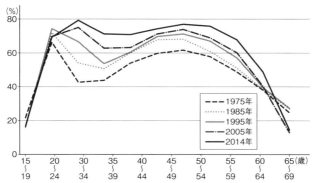

図表8-18 女性の年齢階級別労働力率の推移

〔出典〕総務省「労働力調査」を基に作成。

図表8-18は、女性の年齢階級別労働力率の推移をあらわしたものである。30歳頃を中心に、どの年でも労働力率が下がっていることがわかるが、これは女性が、結婚や子育てのためにいったん離職し、子育てが終わると再就職することを意味している。このように日本の女性の労働力率は、M字型カーブを描くといわれる。高度経済成長期の1975（昭和50）年のM字切れ込みが最も深く、2014年に近づくほどM字の切れ込みが浅くなってくることがわかる。

高度経済成長期以降、専業主婦世帯数が共働き世帯数を大きく上回っていたが、1992（平成4）年に初めてその数が逆転し、2014（平成26）年では、共働き世帯数1077万世帯、専業主婦世帯720万世帯[注6]となっている。さまざまな理由から仕事をもちたい、続けたいと願う女性は増えているのである。しかし、仕事をしながら家事育児をこなすことは女性にとって大きな負担であり、周りからのサポートを必要とする。

現在日本では、国民皆がやりがいや充実感を感じながら働き、家庭や地域生活においても多様な生き方が選択・実現できる社会を構築するとして、「ワークライフバランス[注7]」が提唱されているが、立ちはだかる問題は多いといえる。すなわち、待機児童問題、保育士不足、男性（夫）の育児休業制度の形骸化、家族基本主義ともいえる税制や社会保障、雇用形態の多様化による弊害（非正規、派遣、契約、嘱託、パートタイム労働の増加による労働賃金の低下）などの社会的な問題、さらには、従来型の「男はそと、女はうち」という性別役割分業意識から離れられないわたしたち自身の意識・価値観なども、仕事と生活の調和を阻害している要因と考えられる。

永瀬伸子[2016]は、3歳未満児に対する「育児短時間」が有業女性の出生

率を引き上げたとする調査結果から、男性も家事育児の分担できる職場規範をつくり、会社命令による転勤慣行等は考え直し、非正規雇用者への出産の社会的保護を確実にすべきであるとしている。出生率を上げるためにさまざまな施策がとられているが、このように「子育てにかかる時間をいかに短くするか」というひとつの方向性を軸にして解決法を探ることも可能であろう。女性が安心して、家庭も仕事ももちながら自分自身とその家族の自己実現ができるように、企業、行政、社会全体でサポートをしていくことが望まれる。

注1）平成27（2015）年の国民の平均寿命は男80.79歳、女87.05歳である。参考までに、昭和40(1965)年は男67.74歳、女72.92歳、昭和50(1975)年は71.73歳、女76.89歳、昭和60(1985)年は男74.78歳、女80.48歳、平成7（1995）は男76.38歳、女82.85歳、平成17（2005）年は男78.56歳、女85.52歳と、この50年間でおよそ男13年、女14年も延びている。（厚生労働省・政府統計「平成27年簡易生命表」）

注2）ある夫婦の在宅終末期医療の事例(2014年8月5日、NHKで放映された番組ハートネットTV「"みとりびと"―看取りの時間に伝えあうこと」）を紹介する。滋賀県東近江市の農村に暮らす左近治之助さん（97歳）は、66年間連れ添った妻セツさん（91歳）の介護を自宅で続けていた。地元の医師である花戸貴司さんを中心にケアマネジャーや看護師、薬剤師など8人のスタッフが、妻を自宅で看取りたいと希望する治之助さんをサポートし、家族も協力した。およそ2ヵ月後のある夜、治之助さんがトイレに立った時にセツさんの息が止まっていることに気づいた。駆けつけた花戸医師が脈と呼吸を確認する。花戸医師「おじいさん、今見させて頂くとね、やはり心臓も呼吸も止まっている状況です。本当に大往生だと思います」と語りかけると、治之助さんは「はい、先生のおかげでこんな幸せな……お別れができるということは我々にとっても、もうかけがえのない幸せです。ありがとうございました」と答えた。このように家族の思いを大事にした穏やかな看取りは、医療・介護専門スタッフの支援体制があって可能になる。

注3）家にある衣服を調査した岡山朋子［2011］によれば、自身のものだけで全部で149点、総重量41.8kg、うち、年1度も袖を通していない衣服は39点、その重量は12.1kgであったという。

注4）行動科学とは、人の行動を総合的に理解し、予測・コントロールしようとする実証的経験に基づく科学である［會退友美、2013］。

注5）地域包括ケアシステムは、2025年に向けて、保険者である市町村や都道府県が、地域の自主性や主体性に基づき、地域の特性に応じてつくり上げていくことが必要であるとされている（厚生労働省HP）。

注6）厚生労働省「厚生労働白書」、内閣府「男女共同参画白書」（いずれも平成26年版）及び総務省「労働力調査」（詳細集計）の資料をもとにした独立行政法人　労働政策研究・研修機構の調べよりhttp://www.jil.go.jp/kokunai/statistics/qa/a07-1.html

注7）ワークライフバランス憲章（2007年）では、国民一人ひとりがやりがいや充実感を感じながら働き、仕事上の責任を果たすとともに、家庭や地域生活などにおいても、子育て期、中高年期といった人生の各段階に応じて多様な生き方が選択・実現できる社会と定義される（内閣府HP）。

◎参考文献
【第1節　生活の学における家族の追究】
松岡明子「家庭生活と環境」松岡明子・山本良一編『生活環境科学入門―生活環境学への招待』有斐閣ブックス、1997 年
U. ブロンフェンブレンナー著、磯貝芳郎・福富護訳『人間発達の生態学』川島書店、1996 年

【第2節　時間と家族】
荒川紘「体内時計と心内時計」科学基礎論研究、Vol.14 No.1、pp.23-28、1978 年
関口富左『家政哲学』家政教育社、1977 年
中山節子・野中美津枝「生活資源のマネジメント」（一社）日本家政学会家政教育部会編『家族生活の支援―理論と実践』建帛社、2014 年
松岡明子「家族の発達課題と生活設計」松岡明子・丸島令子『家族―この人間にとって本質的なもの』同文書院、1994 年
松平友子『家政学原論』高陵社書店、1954 年
松平友子『松平家政学原論』光生館、1968 年
森岡清美「ライフサイクル」森岡清美・望月嵩『新しい家族社会学　三訂版』培風館、1993 年
湯沢雍彦・宮本みち子『新版データで読む家族問題』NHK ブックス、2008 年

【第3節　空間と家族】
工藤由貴子「人生のマネジメント」「生活をする力を育てる」ための研究会編『人と生活』建帛社、2012 年
内閣府「国民生活に関する世論調査」2015 年

【第4節　人間と家族】
江村綾野「子ども、家族と保育者」お茶の水ヒューマンライフシステム研究会編『家族と生活』創成社、2013 年
江村綾野「3歳未満の子どもを育てる専業主婦の罪障感が対児感情に及ぼす影響」お茶の水女子大学大学院人間文化創成科学研究科、人間文化創成科学論叢、Vol.17、pp.123-131、2014 年
厚生労働省「人口動態調査」
内閣府「平成 24 年度高齢者の健康に関する意識調査結果」http://www8.cao.go.jp/kourei/ishiki/h24/sougou/gaiyo/
中山孝「リハビリテーションの理念と現状」お茶の水ヒューマンライフシステム研究会編『家族と生活―これからの時代を生きる人へ』創成社、2013 年
平野順子「高齢期の社会関係と生きがい」長津美代子・小澤千穂子編『新しい家族関係学』建帛社、2014 年
武藤友和「在宅医療の取り組み―在宅療養支援の世田谷システム」お茶の水ヒューマンライフシステム研究会編『家族と生活―これからの時代を生きる人へ』創成社、2013 年
武藤安子「生活の中の人間関係」「生活をする力を育てる」ための研究会編『人と生活』建帛社、2012 年
U. ブロンフェンブレンナー著、磯貝芳郎・福富護訳『人間発達の生態学』川島書店、1996 年

【第5節　衣と家族】

有吉直美「衣服を通して豊かな心を育む『服育』」繊維製品消費科学、Vol.46、No.1、pp.26-31、2005年

岩地加世「"衣"との付き合い方―これでいいの？衣服のリサイクル」廃棄物資源消費学会誌、Vol.21、No.3、pp.132-139、2010年

岡山朋子「使わなくなった衣類を大調査！」循環とくらし、No.2、pp.50-55、2011年

布施谷節子「衣生活の多様化の中で家族が希求するものは？」日本家政学会誌、Vol.45、No.2、pp.190-192、1994年

松本浩司「教養としての被服教育を現代化するためのおしゃれ教育学（1）―序説・その背景と目指すべき方向性」名古屋学院大学論集　社会科学篇、Vol.52、No.3、pp.141-154、2016年

【第6節　食と家族】

會退友美「行動科学に基づいた幼児期の子どもの食卓における保護者の関わり」お茶の水女子大学大学院人間文化創成科学研究科博士（学術）論文、2013年

足立己幸編『食生活論』医歯薬出版、1987年

足立己幸「破綻しそうな食生活」安本教傳編『食の倫理を問う』昭和堂、2000年

荒井三津子編著『食学入門―食べるヒト・食べるモノ・食べるコト』光生館、2014年

山田昌弘『近代家族のゆくえ―家族と愛情のパラドックス』新曜社、1994年

【第7節　住と家族】

伊東康子「現代家族と住居のゆくえ―住様式の脱近代化（ポスト・モダンリビング）に関する一考察」都市住宅学、Vol.6、pp.47-51、1994年

大塚順子「暮らしやすい生活環境づくり」中川英子編『福祉のための家政学』建帛社、2010年

厚生労働省H.P.「地域包括ケアシステム」http://www.mhlw.go.jp/stf/seisakunitsuite/bunya/hukushi_kaigo/kaigo_koureisha/chiiki-houkatsu/

小林秀樹『居場所としての住まい』新曜社、2013年

田中みさ子「大学生の住居観―住宅双六に見る若者にとっての終の棲家」大阪産業大学人間環境論集、Vol.11、pp.78-88、2012年

【第8節　お金と家族】

天野晴子「家計からみた現代の暮らし」「生活をする力を育てる」ための研究会編『人と生活』建帛社、2012年

大藪千穂『生活経済学』放送大学出版会、2012年

関根田欣子「より良い生活のために―消費者のパートナーシップ」お茶の水ヒューマンライフシステム研究会編『家族と生活―これからの時代を生きる人へ』創成社、2013年

筒井淳也『仕事と家族』中公新書、2015年

内閣府H.P.「ワークライフバランス」http://wwwa.cao.go.jp/wlb/towa/

中嶋信「共生型の経済システム」清野きみ・原ひろ子『生活と地球社会』放送大学教育振興会、1999年

永瀬伸子「『育児短時間』、出生率に効果―企業の職場運営課題」日本経済新聞、2016年1月22日朝刊

御船美智子『生活者の経済』放送大学教育振興会、2000年

●著者紹介

佐藤真弓（さとう・まゆみ）

1990年 お茶の水女子大学大学院 家政学研究科修士課程 修了
現在　東京家政大学 非常勤講師（家政学原論・家族関係学 担当）
専攻　家政学原論
著書
　『若手研究者が読む「家政学原論」2006』（共著）家政教育社、2006 年
　『家族と生活――これからの時代を生きる人へ』（共著）創成社、2013 年
主要論文
　「『家政学雑誌』掲載報文の引用分析よりとらえた家政学の特質」『日本家政学会誌』No.42 Vol.11, pp.927-936, 1991 年
　「『家政学雑誌』における報文数および報文内容分析」『日本家政学会誌』No.42 Vol.11, pp.937-948, 1991 年
　Sato M. and Sekine T. "The usage of cell phones and the feeling to them in modern Japanese college students", *Journal of Human Ergology* (Tokyo), 39(1): pp.23-33, 2010.

生活と家族 ―家政学からの学び―

2016年9月30日　　初版第1刷発行

著　者　　　佐藤　真弓

発行者　　　菊池　公男

発行所　　　株式会社 一藝社
　　　　　　〒160-0014 東京都新宿区内藤町1-6
　　　　　　TEL 03-5312-8890
　　　　　　FAX 03-5312-8895
　　　　　　振替　東京 00180-5-350802
　　　　　　E-mail : info@ichigeisha.co.jp
　　　　　　HP : http://www.ichigeisha.co.jp

印刷・製本　　シナノ書籍印刷株式会社

© Mayumi Sato 2016 Printed in Japan

ISBN 978-4-86359-115-8 C3037
乱丁・落丁本はお取り替えいたします

一藝社の本

子ども学講座［全5巻］
林 邦雄・谷田貝公昭◆監修

《今日最大のテーマの一つ「子育て」――
子どもを取り巻く現状や、あるべき姿についてやさしく論述》

1 子どもと生活
西方 毅・本間玖美子◆編著

A5判　並製　224頁　定価（本体1,800円＋税）　ISBN 978-4-86359-007-6

2 子どもと文化
村越 晃・今井田道子・小菅知三◆編著

A5判　並製　224頁　定価（本体1,800円＋税）　ISBN 978-4-86359-008-3

3 子どもと環境
前林清和・嶋﨑博嗣◆編著

A5判　並製　216頁　定価（本体1,800円＋税）　ISBN 978-4-86359-009-0

4 子どもと福祉
髙玉和子・高橋弥生◆編著

A5判　並製　224頁　定価（本体1,800円＋税）　ISBN 978-4-86359-010-6

5 子どもと教育
中野由美子・大沢 裕◆編著

A5判　並製　224頁　定価（本体1,800円＋税）　ISBN 978-4-86359-011-3

ご注文は最寄りの書店または小社営業部まで。小社ホームページからもご注文いただけます。